仕事がうまくいくファッションのルール

アズ直子
長友妙子

光文社

「目次」

繊細な人の仕事がうまくいくファッションのルール

第二章

繊細な人を救うスタイリストのマインドセット

第三章

ファッションのパワーをもっと活用しよう

第六章 ファッションを味方にして仕事がうまくいった！

はじめに　私が「ファッション弱者」になったわけ

「きちんとしたファッションで仕事がうまくいく」

人は見た目が大事。ファッションで自分を上手に演出できれば、仕事も、お金も、人間関係もうまくいく。ファッションはキャリアアップのために欠かせない！　そんな情報が世の中には溢れています。

その通りだと思います。そう頭ではわかっていても、重い、かゆい、痛い、苦しい、そんな体への負担がどうにもがまんできない。服を買いにいくのも、店員さんと話すのも苦痛……。私はそんな繊細で過敏なタイプの人間なのですが、同じ悩みを持っている人が、実はたくさんいます。

この本ではそんな繊細で敏感な人でも、「楽にきちんとできて、しかもとても素敵なファッションで、仕事がうまくいく方法」を一流のスタイリストからわかりやすく学べます。

はじめまして、アズ直子と申します。私は雑貨の通信販売を営む小さな会社の経営者です。2011年に『アスペルガーですが、妻で母で社長です』(大和出版)という本を出版し、それから文筆業や講演業にも仕事の幅が広がりました。アラフィフになりましたが、私はワーキングマザーであると同時に、発達障害というハンディキャップを持つ発達障害当事者です。正確な診断名は「自閉症スペクトラム及びADHD(注意欠陥多動症)」で、こだわりが強い、好きなことしかしないと誤解されることもある興味の範囲の狭さ、人間関係の構築が苦手、うっかりすることが多く不器用といった特質を持っています。

そんな私が着ていたものといえば、締めつけのないルームウェアのみ。仕事や外出のときにもそれで押し通していました。もちろん、経営者なのにそれではよくないとたくさん注意も受けてきましたが、それしか着ることができないし、ファッションに興味も持てないのが正直なところです。どうしてこのような「ファッション弱者」になってしまったのでしょう?

私が発達障害の診断を受けたのは三十代後半になってからのことでした。物心ついたころから体質、気質ともに「生きづらさ」を抱えており、特に、音、光、におい、何かが触れることなどにとても敏感な体質で、いつも体調不良を抱えてきました。この過敏体質は生まれつきのものなので、苦しくても自分にとってはこれが当たり前の感覚です。楽な状態を知りません。多少苦しくても「こんなものかな」と思い、「みんな我慢しているから私も辛抱しよう」と納得をしてしまいがちなのです。

ですからファッションについても、企業に勤め始めた20代の頃、「仕事だから」と自分に言い聞かせ、固くて動きにくいスーツを着続けていました。下着もワイヤーが入ったブラなどで、寄せて上げることに必死。靴もパンプスを履いて、一日中外回りなどをこなしていたのです。知人から「きれいになるから」と勧められて、鎧のような補正下着を身に付けていた時期もあります。苦しくても、「こんなものかな」と思い着心地を度外視した服選びをし続けてしまっていたのです。

その結果、体は悲鳴をあげました。慢性的な肩こりや背中の痛みに悩まされるようになり、痛みで不眠症もどんどんひどくなりました。マッサージや治療にたくさんのお金がかかるようにもなりました。背骨はレントゲンを撮るとはっきりわかるほど曲がり、一時は特別な足底板（インソール）を入れた靴でなければ、立っていられなくなるまでになってしまったのです。

後で知ったことですが、発達障害の影響で、私の脳はいつも半ば興奮状態。リラックスのスイッチを入れることができません。いつも緊張状態の体は痛みやすく、同じハンディを持っている人の中には、若くして介護ベッドで寝起きをしていたり、低反発マットが手放せない生活を送っている人もいるのだそうです。

30代前半まではなんとか我慢ができていたものの、体の痛みに耐えられなくなっていた30代後半にちょうど発達障害の診断を受け、初めて私は自分を締めつけていた服を脱ぎました。そして家族にも「縄文人の貫頭衣」と笑われるほど、締めつけのない柔らかくて軽いルームウェアばかり着るようになったのです。仕事も自営業なので出来るだけ人に会わない在宅仕事にシフトし、普段着のまま過ごすことがますます多くなりました。

このような状態ですから、ファッションに興味を持つことができず、自分にファッションは関係がないと思い込むようになりました。加えて、店員さんとの会話が苦手、試着が嫌いなど、さまざまに発達障害が影響し、まさに「ファッション弱者」となってしまったのです。

あなたの繊細&敏感度をチェック!

- 服のタグがチクチクする。
- Tシャツが大好き、いつもTシャツでいたい。
- ニットやデニムなど刺激のある素材が苦手。
- スーツなどきつい服が苦手。
- ハイネックやマフラー、ストールなど首回りに触れるものが全部苦手。

・ストッキングが苦手。
・パンプスやハイヒールに耐えられない。
・ネックレスが重いと感じることがある。
・テレワーク時のボトムはジャージ。
・仕事が終わった瞬間、楽な服に着替えている。
・人混みや混雑した乗り物が苦手。
・デパートの化粧品のにおいで気分が悪くなることがある。
・TPOに合わせた服選びが苦手。空気が読めない。
・試着が苦手。できればしたくない。
・お店に行くとショップスタッフに気を遣って疲れてしまう。

これは私自身の特徴ですが、「あるある」と思うことはありましたか?

私の場合は発達障害が原因ですが、同様に、HSP（Highly Sensitive Person）の傾向や、更年期など加齢によってもこうした繊細さや敏感さは備わります。体調が悪い時、音やにおいなどちょっとしたことが気になり辛く感じることはありませんか？　それが「過敏」ということです。これは誰でも抱えうる悩みなのではないでしょうか。この本ではハンディそのものについて解説するのではなく、体質や気質の繊細さや敏感さを乗り越えて、ファッションを味方にするノウハウをわかりやすくお伝えします。

序章　一瞬で楽になるプロフェッショナルの魔法

こんな私が出版をきっかけに、講演会やテレビ出演の機会をいただくようになると、困ったことが起こりました。そうしたシーンではさすがにパジャマのようなルームウェアでは通用しません。起業当時は自宅でひとり仕事をしていたものが、オフィスを開きスタッフとともに働くようにもなり、経営者としてもだんだんと立場への自覚を求められることが増えました。発達障害者だと分かっていても、「きちんとしてください」と服装へのご指摘をいただくようになったのです。取引先に行くときには会社のスタッフから「信用に関わる」とスーツを着せられ、講演会に出ればカメラマンから服のせいで写真映りが悪すぎると苦言をいただき、テレビに出れば、胸が開きすぎていてあの服はよくなかったとクレームが届く。本当にたくさんの注意を受けるようになりました。

そんなある日のことです。講演会のときに、演者としてきちんとしようと思い、ウールのパンツを穿いたところ、痒くてたまらず、講演中に無意識に何度も太ももを掻いてしまいました。そしてネックレスで首が痛くなってしまい、こちらもたくさんの人が見ている前で、講演中に外してしまったのです。せっかく自分なりに整えた服装が崩れ、やはり私には無理だったときちんとできなかったことに落ち込みました。

後日、講演会に来てくれていた方が、あるものを私のオフィスに届けてくださいました。それは羽のように軽いパールのネックレス。そして、

「アズさん、パンツの下にキュロットタイプのペチコートを着けてみてください」

というアドバイスもいただきました。それがスタイリストの長友妙子さんのファッションレッスンの始まりだったのです。

「講演中にお辛かったでしょう」

と、ご用意くださったネックレスは、コットンパールやホローパールと呼ばれる超軽量のもので、着脱も磁石でワンタッチ。頭痛を起こすほどネックレスが苦手でしたが、次の講演会でコットンパールを試してみると、なんと2時間着けていても大丈夫でした。それに、キュロットペチコートを穿いてみると、ウールのパンツのゾワゾワするような感覚が

一瞬で消えて、1日ウールパンツで過ごしていても大丈夫になりました。

お話をよく伺うと、長友さんは、名前を聞けば誰でも知っているような著名人クライアントとお仕事をする一流のファッションスタイリスト。そんな方がなぜ発達障害の講演会に？

「実は、私のクライアントには〝超〟がつくほどセンシティブな方が多く、アズさんと非常に共通する過敏体質によく遭遇するんです。そういった方々は、体質だけではなく、強烈なこだわりの強さや個性があって、無用な緊張や失敗を避けて、最高のパフォーマンスを発揮したい完璧主義者が多い。私自身にも少しHSPの傾向があって、自分のために対策してきたことがそうした方々のスタイリングに役立つこともあるのです。ファッションについては長年色々な場面を経験しているので、アズさんのお役にも立てると思いますよ。講演会はとても勉強になりました、芸能界やビジネスエグゼクティブには高い能力を持つと同時に、過敏で悩まれる傾向がある方も多いので、今回のことでクライアントの悩みが改めてよく理解できた気がします」

とのことでした。

それをきっかけに、私は長友さんにファッションについてことあるごとに助けていただき、自分で対処できるように育てていただき、私のビジネス人生は確かにファッションの力で一変することになったのです。

軽量パール→P187　ITEM 17

第1章

繊細で敏感な人とファッションの課題

繊細で敏感ってどういうこと？

私が診断を受けている「発達障害」とは、生まれつきの脳の発達の偏りで体質や気質に際立った特質が備わるハンディキャップです。特質によって「自閉症スペクトラム」「ADHD（注意欠陥多動症）」「LD（学習障害）」等の分類がさらに生まれ、ひとりの人が複数の診断を受けることもあるので複雑です。知的障害の有無もあり、私は知的障害がないタイプです。エジソンや坂本龍馬など歴史上の人物や著名人にも発達障害ではないかと言われている人が多くいます。最近ではファッションモデル・俳優の栗原類さんや、ミュージシャンの米津玄師さんもそうであることをカミングアウトしています。

学問的な分類はさておき、私が困っていることをシンプルにお伝えすると、とても過敏な体質と気質を持っており、どちらの過敏さも着る、履く、着けることに負担に感じる大きな理由になっています。

そしてこういった過敏さは、発達障害者だけではなく多くの人が抱えうるものです。発達障害と区別が難しいといわれる、「HSP（非常に感受性が強く敏感な気質を持った人）」は、最近は「繊細さん」などと表現されることが多いのですが、同じようにとても敏感です。こちらは障害ではなく気質だと言われています。たとえ分類は違っても、同じことで困っていることに変わりはありません。加齢や病気でも心身が過敏になり、少し前まで問題なかったニットに不快感を覚えたり、ピアスやネックレスでかぶれたりすることがあります。

この過敏さとファッションの関係をもう少し詳しくご説明します。自分が発達障害だと知ってからは専門書を読むようになり、「こうしたことが苦しいはずだ」と書かれていたことで、ようやく自分の苦しさが自覚でき、救われました。なんとなく心地よくない状態が続いていても、「こんなものかもしれない」「みんな我慢しているのだから自分も辛抱しよう」と思ってしまう当事者は少なくありません。そうではなく、〝これは苦しい、対策すべきこと〟とわかったそれだけで心身が楽になり、実際に対策をすることもできるのです。

体質の過敏さについて

「触覚過敏」

　何かが触れることに強いストレスを感じます。服の素材、ゴムなどの締め付け、デザインによるきつさや動きにくさなどに敏感で体調不良を起こすこともあります。そのために服はサイズの大きいものや締め付けのないものを好み、一歩間違えるとだらしない印象になってしまうことも。生地が素肌に触れることが嫌でデコルテなどの露出が多くなり、女性の場合は好奇の目で見られて心外な思いをすることもあります。Tシャツなど柔かく薄手の服を好みますが、ランジェリーなどの工夫で嫌な思いをしないようにしましょう。最近では、制服などに適応できない学生のために、「異装届け」などで対応する学校も出てきましたが、大人の場合は自己責任なのでさらに悩みが深くなります。

　触覚過敏は素材やデザインに気遣うとかなり楽になります。髪の毛などもしっかり結ぶなどして顔にふれないようにすると落ち着くことも。握手やハグなど人との接触も苦痛になることがあるので、人混みを避けるなどの工夫で心身が楽になります。

視覚過敏

視覚が敏感なので、人よりも光を眩しく感じたり、目にしたものの印象が強烈に記憶に残ったりするなどの特徴があります。テレビ、パソコン、スマフォなどブルーライトの刺激で眠れなくなる、見たものの記憶が鮮明なのでフラッシュバックの原因になることもあります。ショップなどでたくさんのものを見ると視覚情報の多さに圧倒されることもあり、インパクトの強い色や光るもの、様々な色柄が目に入る服の陳列などを負担に感じることがあります。したがって、服はシンプルな色柄を楽に感じます。自然光も強く感じるのでサングラスなどをうまく使うと楽になります。

聴覚過敏

音過敏とも言います。些細な音にも敏感で集中力を欠いたり、眠れなくなったりします。

冷蔵庫や時計の音が気になり眠れなくなるような特質です。また全ての音を敏感に聞き取るので、様々な音が起きる大人数での会食、雑踏や駅などが苦手です。自分自身が身に着けているボタンやファスナー、アクセサリーなどがぶつかって立てる音、衣ずれの音、またコツコツという硬い靴音、キュッキュッという靴の摩擦音などをストレスに感じることがあります。

これには、たとえばシャカシャカと音を立てる服の素材を避けるなどの工夫ができます。耳栓やイヤーマフを使うと楽になり、音楽を聴くイヤフォンもノイズキャンセル機能に優れたものを選ぶことで雑音へのストレスを和らげることができます。

嗅覚過敏

においの刺激に敏感です。洗濯の柔軟剤のにおいに体調不良を起こす人が増えており「香害」と表現されることもありますね。革やゴムのにおいが苦手なために、靴店にいることを苦痛に感じる人もいます。

この過敏さはマスクの着用でかなり楽になります。香水、柔軟剤や芳香剤などもできるだけ避けましょう。周囲の人にも特に協力をお願いしたい特質です。

こうした過敏さがある一方、極端な場合は怪我をしても気づかないなど、とても鈍感で不便が生じる「感覚鈍麻」という体質を持つ人もいます。私は病気や怪我、虫歯などがかなり悪化するまで痛みに気づかないことがあり、過敏と鈍麻を併せ持っているのではないかと自分について思っています。

気質の過敏さについて

発達障害者の気質について言えば、こだわりが強かったり落ち着きがなかったり、ひとりひとり個性が強い気質を持っています。ただ共通していると感じるのは、いわゆる「普通」と言われる暗黙の了解や、社会一般のルールとずれていることが多いので、ストレスを感じやすく緊張感の高い生活を送っているということです。ファッションは対人関係やマナーにも深く関わりますので、そもそも人とは違う感覚で生きている人には苦手なものになりやすい。中には、発達障害の影響で人に違和感を与えないように、緊張感をはりめぐらせて、問題なく振る舞い続けようとする人もいますが、それはとても辛い生き方です。

ＨＳＰも「空気を読みすぎる」と表現されるように、相手に気を使いすぎたり、問題が起こらないように先読みをしすぎたり、深く考えすぎてストレスを感じる傾向も強いそうです。人の苛立ちに接すると、肌に痛みを感じるほど敏感な人もいると聞きました。

どうしてもファッションと聞くと気が重く、自分には無縁だと逃げたくなる人は、以上に挙げた体質・気質が原因になっていることがあります。反対に言えば、こうしたストレスを取り除けばファッションを十分に楽しみ、自分のために効果的に使えるということです。

ずっと「過敏」＝「ネガティブ」と受け取れる話が続きましたが、この過敏さをプラスに転じて「優位性」と表現することもできます。

たとえば触覚というセンサーがとても優秀で、指先の感覚の繊細さを生かして精密な芸術品を作る人もいます。マッサージ等、人に触れる仕事でゴッドハンドと呼ばれる人もいます。視覚が秀でていれば、写真や映像、デザインなどで才能を発揮したり、聴覚なら語学や音楽、嗅覚なら料理や調香などで才能を発揮したりできるかもしれません。感覚の鋭さは困ったことばかりではなく、才能や魅力発揮の原動力にもなるのです。

さて、キュロットペチコートと超軽量パールの一件で、「いままでの辛さはなんだったのだろう」と目から鱗が落ちた私の心の中には、「もしかしたら自分はファッションでもっと楽になれるかも」という期待が生まれました。

振り返れば、大切な仕事のたびにきちんと見えそうな服を買っては、やはり苦しくて着られないと何着捨てたことか。服のせいで体調不良が起こりはしないか、服のせいで人から白い目で見られはしないかと、ずっと気にしながら仕事をしてきました。ファッションのプロフェッショナルの知恵で、重い、かゆい、痛い、苦しい感覚が軽減されて仕事に集中することができると、自分で思っていた以上に服のことで気が散っていたのだ、という事実も痛感しました。

ファッションを味方にできたら、もしかしたらもっといいことがあるかもしれない。でも何をどうしたらよいかわからない。そんな不安と葛藤でいっぱいの私に、長友さんからこんなメッセージが届いたのです。

「アズさん、講演会が楽になってよかったですね。もっとファッションについて、伝えたいことがたくさんありますが、『苦手意識』があることに急に取り組むのはプレッシャーですよね？『おしゃれは我慢』とよく言われますが、それは違います。ファッションは苦しいものではなく、人の心と身体を楽にしたり、もっといいパフォーマンスを発揮する助けになったりするものです。まずは感じ方から見直していってはいかがでしょう？　普段の撮影やパーソナルスタイリングの場でも、出演者やクライアントご本人の心の準備ができるまでスタイリングをお待ちすることがあります。受け入れられる心をつくるお手伝いをすることもスタイリストの仕事のひとつだと私は考えています。よかったら具体的なアドバイスの前に、安心していい理由をお伝えしたいと思います

長友妙子」

第2章

繊細な人を救う
スタイリストのマインドセット

繊細で敏感な人に伝えたい、9の安心

ご挨拶が遅くなりました。スタイリストの長友妙子です。40年近くファッションの仕事に携わって、流行や素材の進化、人々の意識の変化、ファッションに関わるさまざまな変遷を見てきました。

関わってきた仕事としては、ファッション誌や広告、著名人の撮影などのスタイリング、企業のコンサルタント、イベントのプロモーションなど多岐にわたります。最近では個人で起業される方々の活躍を反映して、パーソナルスタイリングのご依頼も増えました。世の中が変わるにつれ、仕事の幅も広がっているように思います。

撮影でもパーソナルスタイリングでも、私がお手伝いする皆さまは、決断力や行動力があって、個性豊かに活躍している方ばかりで、いつもよい刺激をいただきます。同時に、そういった方々は、感受性が強くて気配りも人一倍、とても繊細で敏感です。とてつもない緊張を伴う本番をご一緒することも少なくありません。それだけに、無用なプレッシャ

ーや肉体的なストレスを避けて、最高のパフォーマンスをしたい完璧主義者が少なくないのです。そして、そんなスペシャルな方々は、突出した個性と研ぎ澄まされた才能と引きかえのように、発達障害やHSPのように、生来センシティブな一面を持つ方も多く見受けます。特にハンディがなくても、心身を酷使する職業の方々は、肌に直接触れるものにシビアだと思います。

かくいう私も特に肌触りには敏感で、本当に着心地のよい服を好んでいます。仕事柄、その年代ごとに様々な服に接してきましたが、年を重ねるにつれ、プライベートでは「体を癒す」ということも大切だと気づき、着心地を重視して過ごすようにしています。たとえば、カシミアは温かくて軽く肌触りがよい素材ですが、カシミア100%といっても、ものによってかなり品質には格差があります。肌は上質なもの、やわらかい感触を覚えていますから、時には清水の舞台から飛び降りる思いで買い物をすることもあります。でも、そんな体質も素材への探求につながっていきました。

それ以外にも人混みや狭いところがとても苦手で、混んでいる映画館などには入れません。隣に知らない人がいるとダメなので、隣の席が空いていないと映画は見ないことにしています。

海外ロケでエコノミークラスに乗らなければならないとき、狭いシートで一睡もできず、ロケ先で体力的に辛くなることもあったので、仕事に支障が出るよりはマシと判断する時には、ビジネスクラス以上を使うこともあります。（プライベートでは、ビジネスクラス以上に乗れない経済状況の時は海外旅行をしない、と割り切ることにしています！）しかしその結果、プライスレスな出会いや、クラス感の経験によりエグゼクティブなクライアントにも恵まれました。何が幸いするかわかりませんが、自分自身にも少々センシティブなところがあるために、繊細さんの気持ちや悩みが理解でき、自然とそれが課題となっているクライアントとのご縁が多くなっているのかもしれません。自分自身への「対策」が、たまたま先行投資のように働き、現在の仕事をつくりあげているのです。

私がクライアントや、時には自分のためにも追求してきた、日々着ることについての「安心できる解決法」を、この本では出し惜しみなくご紹介します。誰にもありうる服の不快感、不便さを解消し、安心して、自信をもって仕事に向かっていただければと思うからです。そのために、まず、「ファッション弱者」を自認する人たちには、心配しなくても大丈夫、というお話をしたいと思います。

1 コンフォートという安心

ミニ丈、ボディコンシャスなスタイル、スキニーなレギンス……さまざまな時代の変遷のすえに、着心地の良さ（＝コンフォート）を重視するのが今の時代です。かっちりして重厚感のある服はもちろん今でもありますが、着心地を度外視して服を作ることはアパレル業界でもアウトになりつつあり、着心地の優れた服のために様々な企業努力が進んでいます。

まず繊維や素材の進化で、びっくりするほど軽く、着心地の良い服がたくさん開発されています。直接肌に触れるものはもちろん、ジャケットやコートなど、これまで重たいイメージだったものの軽量化も進んでいます。伸縮性に富んだ生地や、動きやすいデザインで、スーツなどの着心地も以前とはずいぶん違います。着心地のストレスがぐっと少ない「コンフォタブル」なものを上手に選べるようになるコツをこの本ではお伝えします。

素材選びは慎重に

敏感な方にとって、肌触りや重さなど、ダイレクトに五感に響く素材は慎重にチェックしていただきたいところです。直接肌に触れるものは特に大切ですが、根本的に生地が厚く固いものは避けましょう。

天然素材100%だから安心という保証はありません。天然素材であっても品質はまちまちで、織り方、縫製のしかたによっては刺激を感じる方もいます。反対に最近では化学繊維でも、シルクやオーガニックコットンかと見間違えるようなハイクオリティのものが増えています。

素材の表記は同じでも、メーカーによって大丈夫なものもあれば負担を感じるものもあるようです。スーピマコットンという上質な綿素材が人気ですが、同じスーピマコットンでも、厚手で固いものもあれば、柔らかくしなやかなものもあり、それぞれ製品ごとに触感は違います。そして同じラインナップでも、色によって肌触りが変わってくることもありますがこれは染料の影響もあります。色違いのものを購入するときには念のため色ごとに感触を確かめましょう。

やはり実際に触れて、着て、ベストなものをご自分の感覚で確かめてください。ほかでもない、着る人の皮膚感覚こそが信頼できるセンサーなのですから。

サイズやデザインはゆったり目で

サイズやデザインはゆったりしたものを選びましょう。肌にぴったりとはりついたり、まとわりついたりする服は、ストレスになるので結局着る機会が少なくなります。同じブランドで表示サイズが同じでも、トレンドの影響でサイズ感は毎シーズン変わるので油断できません。仕事着の場合、極端なルーズさやタイトさは必要なく、着やすさと美しさが両立する不変のサイズ感というものがあります。比較的フィットした服であっても、最も美しいのはぴったりしすぎず指1本分のゆとりがあることです。このゆとりが身体への優しさを保証してくれます。

また、肩パッドや裏地の有無などでもかなり着心地が変わるので、こうしたことも知っていればさらに楽な服が見つかりやすくなります。このように服を選ぶ時点で、選択肢がとても増えているのは素晴らしいことだと思います。

ファッションのマナー・常識にも変化が

そして、ファッションのマナーや常識も大きく変わり始めています。2020年の新型コロナ感染拡大の影響で、リモートワークが一気に普及し、仕事中でも楽な服でいられる機会が増えました。スニーカーやTシャツなども仕事のシーンですっかり市民権を得ましたし、男性の例になりますが、ネクタイをしない仕事スタイルも浸透のスピードがさらに上がっています。これは世界的な流れで、最低限のマナーはありますが、常識の観点でも安心して着心地のよい服を選べる時代になりました。ジャケットと合わせるTシャツが大ヒットしているメーカー、ナノ・ユニバースは「NEW・ON STYLE（ニュー・オンスタイル）」という言葉でネクタイ不要、Tシャツが主役のビジネスファッションを提唱しています。新しい潮流をつかんだ企業が人気を集めているようです。

2　ベーシックという安心

ファッションには、いつも流行を追いかけなければならない目まぐるしいイメージがあるかもしれませんが、それはひとつの側面に過ぎません。ファッションには「ベーシック」と「トレンド」という考え方があります。これをきちんと知ると、次々に移り変わる変化の中でも、すっきりと必要なものが見えてきます。ベーシックという言葉には「基本」「基礎」、そして「定番」といった意味があり、ファッションの分野では、基本の形のまま変わらずにあり続けるものを表します。流行にあまり左右されず、長く安心感のあるスタイリングができます。時流を追いかけることに苦手意識がある方は、この「ベーシック」をご自分のファッションのメインに考えるといいですね。それに対して、トレンドは簡単に言えば「流行」です。デザイナーが発表したコレクションのシルエット、色柄などそのシーズンの主流になるものを指します。流行を過ぎれば色褪せた印象になりますが、トレンド要素がまったくないファッションは退屈でつまらない印象にもなりかねません。ベーシックな装いに、スパイス的にトレンドを取り入れると新鮮で飽きが来ません。数字にすれば、ベーシック8割・トレンド2割くらいがほどよいバランスでしょう。

色の洪水から脱け出そう〜ベーシックカラーを味方に

色はとても強く印象に影響し、全てのアイテムに関わってくるので、まず基本的な考え方をお伝えしたいと思います。ここでは色や光に敏感な方も多いので、インパクトの強い色柄は選んでいません。ベーシックなカラーについて解説をさせていただきます。

「ブラック」

ビジネスパーソンであれ、クリエイターであれ、美しく、その道のプロフェッショナルらしく見えるとても便利な色です。便利なだけに、頼りすぎて黒一辺倒にもなりやすいこと、また日本人の黒髪や顔立ちに黒に合わせると重く地味に見えることもあります。また、フォーマルな印象が強くなるなど、粋で抜け感のある着こなしには工夫が必要な色でもあるのです。

全身黒だと単調ですので、アクセサリーなどをポイントに使います。光沢や、様々な素材をミックスすることで抑揚を生み出すことも効果的です。ツイード、シルクなどの異なる素材をコーディネートして上手に黒の演出を行うことに長けているのがシャネルです。

「ネイビー」

汎用性が高いシックな色です。黒ほど強すぎず、他の色とも相性がよいので、お受験からビジネスまで様々なシーンで活用することができる万能選手と言えます。ネイビーのデザインブラウスなどは、それ一枚を着るだけで、知的でエレガントに見え、華やかな印象になります。

グレー

年代によっては顔色がくすんで見えるなど地味に見えることがあります。工夫が必要な分、上手に使うとファッション上級者に見える色です。グレーのグラデーションコーデ、また、白を合わせるととても美しくまとまります。パールや白いトップスなどを合わせるのは上品でいいですね。

グレーを着るときのメイクはヌードカラーで品よくまとめるのが素敵ですが、もしも寂しげに見えるときには、ピンクベージュ系のチークやリップカラーにすると肌映りが映えます。こういう、顔色に配慮が必要な色はパンツやスカートなどボトムスに持ってくると失敗がありません。

ベージュ

日本人だからこそ合わせるのが難しい色です。肌色と同化しやすく、微妙な誤差で肌がくすんで見えることも。ベージュにもさまざまな色調があるうえ、シーズンごとにベージュの中でも流行もあるので、自分に合うものを見極める必要があります。

基本は髪色との調和が鍵。髪がブラウン系、流行のプラチナ（シルバー）カラーだと、比較的こなしやすくなりますが、黒髪とは合わせる難易度が高い印象です。

ホワイト

万能な色であると同時に、純白からアイボリー、灰白色など、じつに幅広いので、自分に合う「白」を見つける必要があります。一般的に、年齢が上がると〝真っ白〟は合わなくなってきます。試しに異なるメーカーのTシャツ3種をよく見比べてみると、全ての色が違うことに気づくと思います。同メーカーでも、ロットによってマイナーチェンジされていたりするので、その都度試着するか、胸に当てて鏡で顔映りを確かめることをお勧めします。

3

オーソドックスという安心

ベーシックと似ていますが、ここでいうオーソドックスは「正統派スタイル」を意味します。これを一つの指針にすれば、仕事のどんなシーンでも、きちんとした印象を伝えられ、自信が生まれます。無難、控えめ、ときには古くて時代遅れといったネガティブなニュアンスではなく、「きちんと見えて安心感を与える」「働く意欲が感じられる」「清潔感がある」といった印象のことです。多くのビジネスシーンでは、ファッションに敏感（ファッショニスタ）であることよりもオーソドックスのほうが評価されます。たとえば英国のキャサリン妃は、ほとんどのシーンでオーソドックスなスタイルですが、決して古臭くはありません。

仕事をする者として、相手を尊重すべきシーンではこの「オーソドックス」な意識を常に持つことが望ましいと思います。お受験や面接の場面、職種で言えば金融機関やお役所的なところを連想させるので、固いイメージになりがちですが、そこまではなくても、

「きちんとしよう」と正統を目指す思いは、仕事というもの全般に行き渡っていて欲しいと考えます。それができる方の仕事はとても安心感があり、信頼が集まるのではないでしょうか。

4 シンプルという安心

重ね着など着方が複雑なものや、結ぶ、巻くなどの動作が必要なものなどは、着脱に時間もかかりストレスになることがあるので、できるだけシンプルな形のものを選びましょう。服のデザインはシンプルでも、ベルトやアクセサリーなどで十分に抑揚をつけることができます。小物類もシンプルで取り扱いやすいものにしましょう。

ファッション指南本では、必ずと言っていいほどマフラーやストールなどの巻物づかいが提案されています。実際、マスターできると素敵なのですが、私のクライアントの様子を見てみると、正直巻物は苦手科目です。上手にふんわり巻ける方は少数で、気づくとバランスが崩れるなどだらしない印象になっていても気づかないなんていうケースもよくあります。難しさが負担になったり、首元がわずらわしかったりで仕事に集中できないこともままあるので、他のご提案をすることが多くなります。苦手なことにあえて貴重なエネルギーを費やす必要はないのですから。

シンプルコーデ

「シンプルコーデ」という言葉が、雑誌やインターネット上でもよく使われていますが、色や形がシンプルで、色柄の組み合わせもすっきりしているので、このジャンルを参考にしていただくと、視覚が過敏でご自身の身に着けた色が気になってしまう方にも負担感がないと思います。

使う色は、2で挙げたベーシックカラーのうちから、広い面積に使うものを2色に抑えれば、まず失敗することはないでしょう。トップスとパンツ、トップスとスカートを上下揃えるセットアップなども、強い味方です。チャコールグレー↓ライトグレー↓白や、ベージュの濃淡など同系色でグラデーションを作っていくのも素敵です。こうしたワントーンコーディネートも、失敗なく洗練されて見える色合わせです。ファッション上級者たちは、レイヤード、つまり重ねることで、立体感ある絶妙なニュアンスを演出できますが、真似がしづらく、ハードルが高いのです。また、着心地の異和感や着崩れの心配もついて回る繊細さんや敏感さんには、ネックラインや袖口の微妙な重ね具合などが「これでいいのかしら」と新たな心配の種になりますので、やはりお勧めはいたしません。

シンプルで、いいのです。

5 お店のホスピタリティという安心

繊細さを自認する方のなかには、ショップスタッフとのコミュニケーションを苦手に感じて、ついつい量販店や通販に頼る方も少なくありません。でも、ショップで働く人たちは、常にお客様のためのおもてなしを真剣に考えています。時にマニュアル丸写しのような接客をするスタッフもいて戸惑いますが、彼らは一生懸命なだけだと思って下さい。

ショップスタッフは店の「顔」なので、基本的におしゃれですし、セールスも上手ですから客の側としては緊張しますよね。繊細で気を遣いすぎる方には、「勧められたら断れない」という恐怖感に近いものもあるでしょう。でも、望む服を手に入れるには、スタッフの力を借りる必要があり、うまくコミュニケーションを取れるほどに、服の購入は楽になり、より自分に合った着心地のよい服を手に入れることが出来るようになります。

ショップスタッフは服探しのナビゲーターです。本来、便利と安心感をもたらす存在です。ぜひ彼らを味方につけましょう。

たとえば、往々にしてブランドショップでは全ての在庫が店頭に出ているわけではありません。「こんな服が欲しい」と伝えると、スタッフが出してきてくれる、つまりフリーのお客が店頭で、自力で服を探すのは難しいという実態があります。一般的に店頭の目立つ場所にはそのシーズンのトレンドの服を置き、ベーシックで定番的な服は通年バックヤードにしまわれていることも多いようです。そういうものがほしい場合、「こんなものはありますか?」と尋ねて、探し出してもらう必要があるのです。

サイズが合わない、希望の色がない場合には、他店舗にあることを教えてくれたり取り寄せてくれたりするのですが、こちらから言わなければ提案しない、売る気に欠けるスタッフにもときどき遭遇します。ですから、熱心に希望をかなえようと動いてくれるスタッフには次のショッピングのために、名刺をもらっておくとよいでしょう。

コミュニケーションのハードルを下げる工夫としては、あらかじめインターネットの情報などで欲しい服を見定め、品番を控えておいたり、「この服が見たい」と切抜きやスクショなどを見せるとイメージが伝えやすくなります。また、「オフィスで長時間座っていても楽なパンツが欲しい」など、リクエストを明確にすればよりスムーズです。カーナビに目的地を入力するイメージで、うまく助けてもらいましょう。希望する商品がなければ断るのも気兼ねしなくて大丈夫です。

試着はしなくてはダメ？

刺激で疲れてしまうからでしょうか、私の個人クライアントにも外出を苦手とする人は多く、「お任せするから買ってきてほしい」と頼まれることもよくあります。「いっそ通信販売で買いたい。だめですか？」というご質問も。ただ、初回だけは必ずフィッティング（試着）が必要なので、一緒に店舗まで同行していただきます。乗り物や人混み、狭い試着室などが苦手な方には、ショップスタッフとも協力をして環境を整えます。ご自身でも真似できる工夫がありますので参考にして下さい。

まず事前準備として、欲しい服がどこにありそうなのかをリサーチし、効率的にショッピングできる時間配分を考えます。欲しい商品が店舗にあるとは限らないので、事前に電話で確認をしたりもします。私自身も人混みが苦手なので、混まない経路の確認や、曜日や時間帯も選びます。そんな情報もインターネットで楽に調べられます。

そして、街やお店の居心地はそこが自分と合っているかどうかで相当変わります。若者やアグレッシブなビジネスパーソンが多い場所はやはり賑やかです。ファッション感度の高い人が集まるところも活気があって、慣れない方は気後れするかもしれません。ショップの規模にもよりますが、ゆっくりお買い物ができる個室を備えているところもあります。その最高峰が、たとえばハイブランドのＶＩＰルームですね。

そこまでいかなくても、最近試着室はかなりゆったりと作られるようになりました。着替えの様子伺いをプレッシャーに感じる方は、ショップスタッフに一言「こちらから呼びますね」と言っておくと自分のペースで動けます。何度か顔を合わせて顔見知りになるとお話もしやすくなりますしね。

試着に備えて、脱ぎ着がしやすいお洋服で行く、口紅やファンデがつかないように薄化粧で行くこともお勧めしたいです。お気に入りのマスコットをバッグに入れておいて、試着中、目に入るところに置き安心するというかわいいクライアントもいらっしゃいます。

ジャケットやコートなどのアウターであれば、はおるだけなので必ずしも試着室に入る必要がなく、そこから練習をしてみてもよいですね。
繊細な方にお勧めしたいのは、総合的に考えるならデパートです。高齢の方などのために、休憩所やカフェなども完備され、化粧室もきれいで安心感があります。買い物以外のストレスを感じなくて済みます。

通信販売は便利ですが、実際に触れて、着てみて気づく刺激や負担がわかりません。その確認をスキップしてしまうと、不快と不自由が長く続いてしまいます。これなら大丈夫というものが見つかれば、その後は安心して通販でリピート購入可能になります。辛い服、苦しい服を買っては無駄にしてしまう、その負のスパイラルから卒業して、安心をして服を購入できる人生を手に入れませんか？

確かに、着心地などを確かめる作業は一仕事ではあるのですが、試着が苦手なクライアントでも、「これなら大丈夫」が見つかったときの安堵感を目の当たりにすると、やはり頑張っていただいてよかったなと思いますし、慣れるとショッピングを楽しめるようになる方もたくさんいらっしゃいます。「こんなに楽になって、人生が変わりました！」という言葉をいただくことも多く、ぜひそんなふうに苦手意識を根本解決してほしく思います。

6 コストへの安心

上質なものは着心地がよい。それがわかっても、高価な商品も多いのでコストがとても気になると思います。私のクライアントのエグゼクティブには、経済的に豊かであっても商品価格にシビアな方もいらっしゃいます。でも価格設定の理由や商品の価値に納得すれば、高額であっても迷われることなく購入します。要は納得のいく買い物がしたいということですよね。コストをかけたからといって必ず素敵に見えるわけでもありません。そこに美意識がなければ、たちまち成金ファッションに陥ってしまうので、お金のかけかたは価値観やライフスタイルに合わせて、ゆっくり考えていただければと思います。

節約が目的ではなく、納得できるコストでファッションを活用したいのであれば、安い服でも高価な服でも、対費用効果を考えるといいですね。この服を何回着るか、高価でも体が楽になることで節約できるマッサージ代はいくらか、モチベーションが上がることや、人に認められることでどのくらい収入が上がるか……。全てにお金をかけるのではなく、一点豪華主義で他はファストファッションも取り入れるなど、価格にめりはりをつけるのも、もちろんよい工夫だと思います。

コストの話題になると「一生もの」の話がよく出ます。ベーシックなものであればデザイン的により長く着ることができますし、部分的にトレンドをうまく取り入れることで新鮮に見せることや、お直しをして生まれ変わらせることもできます。ぜひメンテナンスもして長く大切に着て下さい。

もうひとつの考え方としては、スタイリストとして多くの方の成功や発展を目の当たりにし、ファッションは人の成長や変化を助けるものだと感じます。せっかくお仕事のためのファッションを磨いていくのであれば、ご自分の成長に合わせて、ワンランク上のファッションを目指して欲しいと願います。「一生もの」を求めるあまり、「一生このまま」にならないよう、3年後、5年後、10年後になりたい自分に合わせてファッションを選べると素晴らしいと思います。

7 イージーメンテナンスという安心

過敏な人の中には、メンテナンスが苦手な方も多いと聞きます。たとえばアズさんは、水に触れるのが苦手で手洗いが無理だとのことで、洗濯機かクリーニング店でケアできるものにファッションを限定されていますね。

皺にならない、家で洗える、アイロン不要などは、服の価値観として定着して、メンテナンスが簡単なものが増えています。服を買う時点で、メンテナンスがしやすいものを選ぶことで負担がずいぶん少なくなるのではないでしょうか。素材がデリケートでデザイン性の高いものは、他のものと一緒に洗えず手洗いが必要になったり、ドライクリーニングに出したときに料金が高くなったりといったことがありますので気をつけて下さい。

8 ジャストフィットの安心　お直しの魔法

繊細で敏感な方だからこそ、ぜひチャレンジしていただきたいのが、「お直し」です。店舗で手配してくれますし、手持ちの服についてはお直しの専門店に持ち込むこともできます。

お直しには、ジャストフィットで美しく見えるだけではなく、バランスが調整されて着心地がよくなるなど、体を楽にする効果もあります。この楽になる感覚を一度知っていただくと、繊細な方のファッションの悩みが何割か解決するくらい大切なポイントです。ジャケット、パンツ、スカート、シャツやブラウス、コートなどでもお直しをぜひ考えてください。

おすすめのショップ

・フェニーチェクローゼット（神宮前）
・キューズ生活工房（広尾ほか）
・nutte（目黒）
・Salon du redesign Closet.net（池袋ほか）
・お直しコンシェルジュ　ビッグ・ママ（新宿ほか）

9 トータルコーディネートという安心

「きちんとした印象」を伝えたいのに、どうしても仕事向けの服では辛い時、どうしたらいいと思いますか？　トータルコーディネートの目的は、〝間違いさがし〟ではなく、全体の印象を確認しながらバランスをとることです。だから、体が辛くて「今日はTシャツスタイルしか無理」という日なら、たとえばTシャツとボトムスをベーシックカラーで同色に揃えたうえで、小物や持ち物で印象を整える方法でも十分だったりします。靴、バッグ、アクセサリーや時計などの小物、とくにバッグなどは体への直接刺激にはなりにくいので便利です。

第3章

ファッションのパワーをもっと活用しよう！

引き続き長友です。ファッションについて不安よりも期待を持っていただくことができたでしょうか？もしそうなら、ファッションにはもっと素晴らしいパワーがあることもお伝えしたいと思います。私自身にもＨＳＰ的神経質さがあると思っていますが、繊細だから弱いとは思っていません。過敏さと表裏一体の感性や個性を生かして、お仕事に生かせるのではないでしょうか。そのパワーや輝きを引き出す、より具体的な方法を探っていきましょう。

ファッションは身体を保護するために大切なもの

繊細さに悩む方は、インナーも含めて服の重ね着を避ける傾向があるのですが、アズさんがウールのパンツが穿けたように、逆に適切なインナーでしっかりと体を守れば着られる服はかなり増えますし、お手持ちの服の着心地もアップします。衣服はもともと寒暖や外界の刺激から体を守るために生まれたものです。身を守ることから始まった服飾の文化は古代からあるわけですから、動物と違って人間に衣服は必ず必要なものなんです。

その働きは……

冷えや寒さから身を守る。
直射日光の暑さや紫外線から肌を守る。
緊張感、人目から身を守る
上に着る衣服の刺激から肌を守る（同時に汗などから上着類を守る）。

ほかにもさまざまな保護の機能があると思いますが、私のクライアントのなかでもプロのアーティストは健康意識が高くこの保護の機能をフル活用しています。演奏家の女性は、本番直前までアームウォーマーを手放しませんし、ダンサーはもちろんレッグウォーマーが必需品です。「体が資本」ということを身をもって知っているのでしょう。三首（首・手首・足首）を冷やさない工夫や、美容への意識が高い方は、日焼けから身を守るファッションも上手に取り入れています。

膝が震えるような大きい案件のプレゼンテーションなどで、極度に緊張をすると人はスッと体温が下がります。反対に温めれば多少リラックスします。優秀な肌着は緊張による変な汗を吸収してくれるなど、平常心を保ち、守ってくれる服たちを、もっと「役立て」いいんです。服に従うのではなく、服をあなたの役に立ててください。

ファッションは気持ちの切り替えに大活躍！

リモートワークなどで、人と直接会う機会が減り、ルームウェアでお仕事をする方も増えているようです。でも仕事スイッチが入りにくい在宅仕事のときこそ、着替えることでモチベーションがかなり上がるので、それを知っている方はテレワークになってからのほうが、ファッションに熱心になっています。役者さんが衣裳をつけた瞬間に別人格になるように、ファッションは本当に「スイッチ」になるのです。

たとえば、Tシャツなどカジュアルな服を着ていても、ジャケットをはおれば1秒できちんとして見え、自分自身の心にも仕事のスイッチを入れることができます。反対にオフに気持ちを切り替えることもでき、ジャケットを脱げばリラックスしていいと決めてもよいでしょう。

スポーツ選手が本番前に決まった動作を行うことを「ルーティン」などと言いますが、〝ジャケットをはおる〟という動作をお仕事前の「ルーティン」にしてもよいのかもしれません。ただはおるだけでスイッチのオンオフが自由自在です。

アズさんを始め、繊細さんたちはあらゆる方面に気を遣い、失敗がないように緊張されています。こうした過剰な緊張が体調不良、ひいては仕事に影響することも心配です。ぜひファッションを、便利なオンオフの切り替えスイッチにしてください。

ファッションは社会参加のために必要なコード

ファッションに興味を持てたら、ぜひやってみて欲しいのが、「外出先で人のファッションを観察してみる」ことです。ビジネス街にはきちんとしたスーツの人が行き交い、代官山T-SITEの蔦屋書店のようなハイセンスな書店のまわりにはおしゃれで知的な雰囲気の人が集います。IT企業の社屋があるエリアなどは自由でカジュアルなファッションの人が多く、服装をよく見ると大体何をしている人なのかが想像できるはずです。

ファッションの役割として、「私は何者なのか」をわかりやすく伝えることは重要です。仕事着の目的意識として、どんな仕事をしているのかを伝えることは必須事項です。仕事仲間との連帯感なども演出することができ、その場の居心地がとてもよくなります。

アズさんは著作家であり経営者です。発達障害のテーマで登壇されることもあるから、教育分野にかかわる場合もあります。それを言葉で説明しなくてもなんとなく、クリエイティブで責任あるお仕事をしていることが伝わることが望ましいです。言葉で説明する必要がなくなれば、苦手な会話も少し減るかもしれません。

役割を伝えるファッションの代表のひとつが制服です。ホテルやデパートなどで、制服に身を包んだ人がいれば、すぐにスタッフだとわかり、アテンドをお願いしやすいですよね。

着心地のよいファッションというと、スポーツメーカーのものから選ぶ方も多いのですが、全てをスポーツテイストで固めるのはおすすめしません。「私はアスリートです」という間違ったメッセージが伝わってしまうからです。スニーカーを例にとると、マラソンなどの競技用と、日常生活で履けるものは明らかに見た目も違います。スポーツメーカーがその技術を活かして作っている日常用のアイテムの中に、仕事でも活用しやすいものが見つかると思いますので、「自分の役割にあっているかな?」という眼で選んでください。

ファッションの力で待遇がよくなる

普段着のままレストランに出かけたら、いい席に案内してもらえなかった。ショップスタッフの態度が冷たく感じたというお話を伺うことがあります。繊細で敏感な方ほど、こうしたことに傷付きやすいようで、中には外見だけで判断をされるのは残念だとおっしゃる方もいらっしゃいます。

残念ながら、実際人は見た目で人を判断します。全ての方とじっくりお話できるわけではありませんので、見た目からその人を推し量ろうとすることは自然に起きることです。レストランやショップスタッフも、服装で人を見下しているのではなく、プロとして今日は接待なのか、デートなのか、それぞれのお客様の要求を察知する、その手掛かりがファッションなのです。

もちろん内面を磨くことは大切ですし、それは外見に滲み出ます。ところが、スタイリストとしてはそれでは時間がかかりすぎると感じるのです。明日本番を迎える方、今という瞬間を乗り越えなければならない方には、一瞬の見た目で、よい印象を伝えることができるファッションはとても便利なものです。

見た目に手を抜くと冷遇されるというよりは、ほんの少しおしゃれを味方につけることで、すぐに人に尊重されて待遇がよくなるとポジティブに考えてみてはいかがでしょうか。整形をしなくても、ダイエットをしなくても、服を着替えるだけで、すぐに素敵な人になることができ、人の信頼と人気を得ることができるのですから、活用しない手はありません。

自己実現やキャリアアップの助けになる

キャリアアップにとって、ファッションは欠かせないと言ってよいほどのパワーを発揮します。私自身がアシスタント時代に、あたかもフリーとして独立したスタイリストのように装い、堂々と働いていたところ、デパートの宣伝部長の目にとまり、自分でも驚くほど早くキャリアアップを果たすことができたという経験を持っています。周りから見た自分の印象は、ファッションでかなりコントロールできます。同時に、自分自身がその仕事をしているセルフイメージを持ち、意識を高めていくことで、夢や目標は現実化しやすくなります。なりたい存在をイメージして着る服を選ぶとよいのではないでしょうか。

一流の人であれば、価値観やセンスを推し測るために相手をよく観察します。ともにビジネスを行って大丈夫だろうか、よりよい仕事が生まれるだろうかということを、服装からも判断をします。プレゼンは、プレゼン開始以前に審査が始まっているのは確かなことで、ファッションもオーディションの一部だと思ってください。そしてどこにでも「目利き」はいます。素材やデザイン、縫製など事細かく、その違いを見分けることができる人がいるのです。大きなロゴがついていなくても、見ている人は見ているのです。

山口周氏のベストセラー『世界のエリートはなぜ美意識を鍛えるのか』（光文社）にもみられるように、最近では仕事のクオリティを高めるために、エリートがデザインや美術を学ぶなど、美意識を高める取り組みが増えてきているそうです。ファッションもそうした美意識を育てるものですから、このトレンドはとてもうれしいことです。

見た目と収入の関係

「見た目と収入は関係するのだろうか」ということは、多くの人の関心事です。自分の経験や知識や豊かな内面、仕事のパフォーマンスで、人からの評価や収入が決まるほうが、納得感はあるのかもしれません。でももしも見た目で収入が明らかにアップするのであれば、ファッションを始め、ヘアメイクやプロポーションなどを磨くということが、仕事上でも必要な投資だという考え方をすることもできます。

見た目全体の話となりますが、ダニエル・ハマーメッシュという経営学者による研究で、きれいな人とそうではない人では、生涯年収に２，７００万円の差が出るという考察がされています（註：日本人大学卒の場合、４，７６０万円ともいわれる）。また、美貌と幸福度にも関係があると述べられており、「美貌格差」という表現を見ると、心穏やかではいられなくなる人もいることでしょう。

人からの評価だけではなく、見た目を整えることで自分のモチベーションが上がり、よりよい成果をあげられるという研究結果もあります。日本の化粧品メーカーの研究で、メイクアップによって抑うつ傾向が改善されたという報告もあります。

長友さんも同様の経験を語っておられましたが、ニューヨークで活躍するファッションデザイナーが、雑用係の頃から、まるでCEO候補のような服装で勤務し、実際にスピーディーにキャリアアップを果たしていったというエッセイも読んだことがあります。

いずれにしても、見た目が評価や収入に影響することは実際に起こり得ることのようです。ファッションを磨くことでそうしたメリットもあると知っていればさらにファッションに興味を持つきっかけになり、モチベーションもあがります。仕事の成果をあげるひとつの手段として、ファッションを位置付けても良いのかもしれません。

参考文献
ダニエル・S・ハマーメッシュ『美貌格差』（東洋経済新潮社）
資生堂ビューティーソリューション開発センター編『化粧セラピー』（日経BP社）
レイチェル・ロイ『好きな服だけ着ればいい』（ダイヤモンド社）

第4章

問答集　ファッションアイテムのおさらい

替わりましてアズ直子です。

発達障害の影響で過敏体質のある私でも、ファッションを味方につけられるかもしれない。しかももっと仕事がうまくいくようになるかもしれない！

これまで自分にファッションは関係ないと思ってきたけれど、こんなにいいことが起きるならやってみたい。長友さんからのメッセージで、ファッションに対して抱いていた不安や思い込みがかなり解消され、ファッションに対する興味のスイッチが入ったのです。

発達障害を生きづらさと感じることもありますが、落ち着きのなさが行動力となり、こだわりの強さが徹底した取り組みにつながり、私は爆発的なファッションリサーチを始めたのです。外出したら必ずどこかのアパレルショップに行き、服に触れて、ショップスタッフと話すという誓いを立て、渋谷、新宿、銀座、六本木、代官山などに本当に毎日足を運びました。そして繊細さや過敏さを逆手にとって、たくさんのことを感じ取ることができたのです。

そのつど長友さんに質問を投げかけ、アドバイスをもらいました。

楽にきちんとできるファッションの基本を身につけた過程をご覧ください。

アズ＆長友のファッション問答

次からは、ショップリサーチの旅に出た私アズと、長友さんの問答集です。繊細・敏感目線ゆえ、ときには身もふたもない問いかけもしています。噛み砕いて、弱者にわかるように答えてくださった長友さん、ありがとうございます！

Tシャツ

AS Question

きちんとしたシーンにTシャツはいけないのかもしれませんが、これじゃないと体が痛くなって無理なのです！　どうにかしてTシャツでOKにしてほしい！

ところで、本や雑誌でよく見るＨａｎｅｓのTシャツが、私にはゴワゴワしてダメでした。また別の機会に、ショップスタッフに「一万円のTシャツは違う」と言われて買ったTシャツが、こちらはこちらでストレッチが効きすぎタイトなつくりでダメでした。お勧めのTシャツを教えていただけたらうれしいです。

—— NAGATOMO Advice ——

楽なものを着るときこそマインドセット

ビジネスシーンでもインナーに白Tシャツを着る方は増えています。でも、スタイリストである私の目から見れば「白Tなら何でもいいわけじゃないですよ!」というのも言わせてください。もしTシャツをビジネスウエアの定番にしたいなら、ぜひポイントを押さえてください。

楽な服を着たら気持ちが緩んでだらしなくなってしまった。それでは仕事着としての意味がありません。体がリラックスできる分、緊張感なくモチベーションもパフォーマンスもあがる。そこを目指しましょう。

Ｔシャツのルーツは、アンダーウェア、つまり下着です。それを肉体労働や運動のためにアウターとして着るようになり、やがてカジュアルファッションの代名詞となり、だんだんとスタイリッシュになってきた経緯があります。Ｔシャツを美しく着こなして注目を集めたのはファッションデザイナーのジョルジオ・アルマーニです。ランウェイのフィナーレで登場する彼はジャケットとＴシャツ、時にはＴシャツ１枚で登場し、その洗練された姿が、とても素敵で、あっというまにトレンドとなりました。アルマーニは完璧主義者で、肉体を鍛えるところからこだわっていますが、そうした美学がないと、Ｔシャツはあっという間に下着のムードになってしまうのです。楽なものほどこだわりをもって着てほしいですね。

下着のムードがないものを選ぶコツ

ルームウェアとしてのＴシャツなら下着感があってもよいのですが、仕事などきちんとしたシーンで着るのであれば、下着のムードがないものを選んでください。

それが最も顕著に見て取れるのが首周りです。リブネックといって、首周りのゴム状の織部分が幅広いと下着感が強く、洗っているうちによれてくるのでそうしたものは避けましょう。かといって、頑丈過ぎてもＮＧ。襟ぐりがすっきりときれいに繊細さをもって縫製されているものがお勧めです。

この違いがよく分かるのが「ＴＨＥ」のＴシャツ。「ＴＨＥ」は、ファッションだけではなく、繊細な方にも心地のよい、「これぞ！」という上質な商品を扱うショップです。

Ｔシャツについても細部にこだわって作り分け、ＯＮスタイルと、ＯＦＦスタイルがあるということをわかりやすく伝えてくれます。ＯＮは襟ぐりを細く仕上げ、洗練された印象に。毛羽立ちをなくし、ジャケットをきた時にパリッと見える光沢感を実現しています。ＯＦＦはゆったりとリラックスできるつくりで、肌触りのよいスーピマコットンです。

ＴＨＥのＴシャツ→Ｐ１８０　ＩＴＥＭ 3

着心地の確認は慎重に

肌に直接触れるTシャツはやはり実際に触って、着て、自分にとっての定番を見定めてください。生地が厚く固いものは避け、染料によっても固さが変わるので、着てみたいカラーの感触も確かめてください。白なら大丈夫だったのに黒は固いと感じるようなことが時々起こります。一般的に日本のメーカーのものは丈夫で、その代わり着心地が固く見た目も柔らかいニュアンスに欠ける印象が強いです。イタリアのものなどは、柔らかく〝とろみ〟などと表現されるニュアンスが豊かです。固いTシャツでも、繰り返し洗うことでだいぶ柔らかい表情が出てきますので洗濯を繰り返してみるのもひとつの手段です。

ここでは特に私がおすすめしたい上質な素材をご紹介いたします。

- スビンコットン＝長い繊維を持ち、大変肌触りのよい希少性のある最上級のコットン。
- オーガニックコットン＝柔らかく体に優しい人気のコットン。
- スーピマコットン＝柔らかく伸縮性に富んでいる。

プチプラブランドも、Tシャツを積極的に展開していて、とても品質がよいものが売られています。ユニクロは丈夫で長持ちするのが特徴で繊細な人には固い印象でしたが、最近はソフトな新素材の商品も発売されていたりするので要チェックです。無印良品はオーガニックコットンへのこだわりがあります。GAPはとても肌触りがよく私は個人的に好きですが、サイズがUS表示なので、自分に合うサイズの確認が必要です。

自分に似合うベストTシャツ

Tシャツには、首周り、袖の形、丈、胸ポケットの有無などさまざまなバリエーションがあります。ちなみに胸ポケットがあると若干カジュアルに見えたり……デザインについて見るべきポイントをお伝えします。

〈首周り〉

まずデザイン的に首周りがきつすぎないものを選びましょう。形はクルーネック（丸首）・Vネックなどが一般的ですが、顔立ちや上に着るジャケットなどとのバランスでかなり印象が変わります。クルーネックはどなたでも合わせやすいオールマイティな形です。一般的に顔がすっきり見えるVネックですが、Vカットが深すぎると首のシワが目立つことがあります。カットの具合で印象もかなり変わるので上半身と全身を鏡でよく見て確認してください。

（シルエット）

若年層向けのブランドは細身に作られる傾向があり、大人ブランドでもスタイルよく見えるようタイトに服を作るところが少なからずあります。そうしたメーカーのTシャツはやはりタイトなことが多いようです。また胸元が開きすぎてだらしない印象を与えないかもチェックしてほしいポイントです。

（袖）

まず半袖Tシャツですが、ゆったりした袖周りから、かなり短くぴったりしたタイトなものまで様々です。タイトな作りのものは、二の腕が目立つのが気になる方にはおすすめしません。敏感で繊細な方には、きつくて気にならないか、動きにくくないかというチェックは必ず必要です。指一本分が入るくらいのゆとりがほしいですね。

七分袖や長袖のTシャツも人気です。パソコン仕事が多い方は、半袖や七分袖を選ぶ傾向があります。そして、寒い時期に、長袖Tシャツをぎゅっとたくし上げ、ダウンベストをその上に着ているアズさんを私も何度か見かけた覚えがあります。アズさんが腕まくりしたい理由は、パソコンに袖口があたる感触が気持ち悪いからかなと想像します。今度、長袖Tシャツをぎゅーっとたくしあげるかわりに、2、3折ロールアップしてみてください。ダブルカフスのように見えて素敵です。慣れれば簡単で快適だと思います。そしてパソコンを離れたら、袖を伸ばして手首を冷えから守ってください。

ビジネスシーンではジャケットなどをはおることも多いと思います。このときも、長袖Tシャツは活躍します。袖口からシャツのようにちらっとTシャツの袖口が見えるとアクセントになります。半袖の場合、ジャケットの袖が本切羽《ほんせっぱ》（ボタンを開いて、袖をまくることが出来る仕立て）なら、一折りして手首を見せ、華奢でエレガントな印象にも。

（裾）

Tシャツの裾はボトムにインすることを考えても、長すぎる丈のものは使い勝手がよくありません。Tシャツをアウトするなら、長すぎず短すぎない、腰骨くらいの丈のものがお勧めです。ジャケットの裾からからはみ出さないことを確認してください。

Tシャツ一枚で高級ホテルに行かないこと

最後に、海外セレブのように、高級ホテルでTシャツにジーンズなどのカジュアルスタイルでいる方を時々見受けますが、これはその場の雰囲気を台無しにしてしまう残念な行為なのでやめましょう。宿泊者がロビーやカフェ、ジムなどでリラックスして過ごしているのは別として、Tシャツ一枚で高級ホテルに行っていいのは、その方自身がブランドであるセレブリティと、常に最新のものを着て、感性の高いファッショニスタだけと心得てください。

ジャケット

AS Question

Tシャツの上にジャケットをはおればそれできちんとして見えるということはわかるのですが、ジャケットは重くてきついのでできればあまり着たくはありません……。

NAGATOMO Advice

1秒で気持ちを切り替えてくれるのがジャケットのいいところ

Tシャツとジャケットスタイルは、いわゆる男性の「ビジネスカジュアル」でもよく見る組み合わせですね。ファッションがONとOFFの切り替えスイッチになることをお伝えしましたが、Tシャツ一枚で過ごしていても、ジャケットをはおればすぐに仕事モードの印象に変えられます。ジャケットを着れば気持ちが引き締まり、脱げばスイッチオフできますね。

まず、ジャケットというアイテムに、「かしこまらなくてはならない、重くてきついもの」というイメージを持つのではなく、「着ているときだけがんばろう、脱いだらリラックスしていい」と思えれば、気分が楽になるのではないでしょうか。

ジャケットは固くて重いものという時代は変わった

実際、ジャケットは近年どんどん軽量化し、素材も柔らかいものがたくさん製品化されています。

アズさんが心配されている「重い、きつい」というジャケットへの印象は、かなり払拭されてきています。もちろん重厚感のあるジャケットもありますが、軽い、ストレッチ性がある、洗える、皺にならないなど、本当に着心地がよく、メンテナンスが簡単なものが増えました。そして最近のトレンドとして、肩パッドがないものや、裏地のない一枚仕立ても多く、軽快なものが主流です。総称してアンコンジャケット（＝アンコンストラクテッド・ジャケット）と言われたりします。

最近、クライアントをシャネルの店舗にご案内した時に、カーディガンのような柔らかなニットジャケットを目にしました。もともとシャネルは裏地などにも配慮があって着心地には定評がありましたけれど、ツィードの正統派の仕立てが主流でもありました。歴史のあるシャネルのようなハイブランドでも時代と共に進化した服作りを提唱しています。確かに今時代が変わっています。

着心地が追求され始めているのは確かなことですが、メーカーによってはポリシーで細身の服作りを続け、素材の伸縮性はよいのに、シルエットを追求するあまりにタイトなつくりで、表示サイズより小さめということもありますので、やはり実際に着てみることをお勧めします。

（素材）

ジャケットは直接肌に触れる部分が少ないので、素材の選択肢は広がるかもしれません。動きやすさを重視するなら、やはりストレッチの効いた素材がいいでしょう。また、ニットジャケットならばカーディガン感覚で着られます。

裏地のあるなしでも通気性や重さが変わります。裏地や肩パッドがなければより軽く柔らかくなります。

（襟）

ジャケットは襟の形で印象が大きく変わります。顔立ちで、中に着るものを選びます。まずは襟の種類を知ることでショップスタッフに伝えやすく探しやすくなります。女性用のジャケットはデザインの幅が広く、男性用のように明確に形で分類できないこともありますが、基本の名称をお伝えします。

テーラードカラー
基本のスーツの形。背広風できちんとした印象が強い。
Vネックノーカラー
シンプルで知的な印象を与える。トレンド性あり。
ラウンドノーカラー
丸く女性的な印象を与える。

ジャケットとTシャツのコーディネート例↓P178　ITEM 1 2
ビジネスに使える上質Tシャツ↓P180　ITEM 4 5

（袖）

なんといっても袖丈は重要なポイントです。デザインやトレンドが影響するところで、同じメーカーの同じサイズのジャケットでも袖の長さが違うことがあります。

ぴったり合わない袖丈でそのままジャケットを着てしまっている人は案外多く、そこをジャストサイズにお直しするだけでもぐっと垢抜けて見えます。本切羽は先ほども書きましたが臨機応変に使えて便利です。袖のまくりかたにもバリエーションがあり、上手になるととても素敵に見せることができます。

（着丈）

ジャケット丈も実は気にしてほしいところ。デザインにもよりますが、短ければ軽快で足が長く見える効果があり、そうでなければベーシックな印象です。体型を気にする方は長いものを選びがちですが、身長によりバランスが難しいので客観的なチェックが必要です。ショップスタッフにアドバイスを求めるなどして、全体のバランスを大切にしてください。短い方がすっきり見えることもあります。

シャツやブラウス

AS Question

ジャケットを着て仕事をしているうちに、暑くなって脱いでしまうことが多いです。講演会の舞台はとても暑いので、せっかく講演中の写真をカメラマンに撮影してもらっても、ジャケットを途中で脱いでしまったTシャツ丸出しの残念な状態にがっかりします。一枚でさまになり、ジャケットを着るより楽なら、シャツやブラウスでもいいと思うのですがそういう考え方はありでしょうか？

NAGATOMO Advice

ありですよ！　本当はTシャツだけでいたいアズさん、舞台衣装だと思って2時間くらいだけでもがんばって着ていられるのなら、デザインブラウス、ありです。シャツ＋ジャケットよりも、デザインブラウスだけのほうが着心地は断然楽なはずです。

一枚で通用するものはたくさんある

シャツとブラウスを比べると、実は好みがとても分かれるアイテムですが、ブラウスを好む方のほうが多いと感じています。シャツはカラー（襟）の感触が苦手な方が多く、似合う人を選びます。

デザインブラウスは、きちんと感があり一枚でさまになります。加えて首回りも楽なので、「ノーカラー派」と言われる方々に人気です。

様々なデザインのものがありますが、おすすめしたいのがボウタイデザインのものです。リボンタイの結び方で、シーンによって色々な表情が出せるので、バリエーションをつけるために服を何着も買うよりコスパがよいともいえます。結ぶのが苦手な方は、複雑にせず一回だけ軽くクロスさせるだけでもよいでしょう。インパクトのある柄のデザインブラウスもトレンドです。色柄が苦手な方も多いのですが、アクセサリーがなくても様になるので、その点は楽なのでは？
引き続きデザインブラウスはトレンドで、ちょっとポイントがあるものなどが、ジャケットの代わりになり重宝されます。報道番組などで、スーツを着た男性キャスターと、デザインブラウスで知的で華やかな印象の女性キャスターの組み合わせをよく目にします。ジャケットの代わりにブラウスを上手に活用した例になると思います。ぜひ服選びの参考にしてください。

デザインブラウス↓P182〜P183

パンツ

AS Question

ストッキングがどうしてもかゆくて苦手なので、パンツ＋靴下とスニーカーにしています。パンツは種類がありすぎてどれを選べばよいか悩みますが、これなら仕事用でも大丈夫という定番のパンツはあるのでしょうか？

NAGATOMO Advice

実は私もそうなのですが、ストッキングが苦手な方は多いですね。その理由でパンツスタイルにしたいのであれば、やはり肌触りを重視する必要があります。パンツについてこだわるのはひたすらシルエットと穿き心地です。安心感のあるパンツ選びをお手伝いしましょう。

パンツ選びはその人に合ったシルエットに尽きる。相性がわかるまではプチプラを色々試してみて

機能性が高くトレンドを上手に取り入れたファストファッションは、常に気になる存在です。コスパを考えるのであれば、パンツをプチプラにするのはありだと思います。

ファッションは見た瞬間の印象が最も強く残ります。瞬間的に目がいくのはやはり顔まわりから上半身です。働き方も一気にリモートワークに移行し、画面に映るのはバストアップのみです。それなら、ボトムスはコスパを重視し、最も印象を残すトップスにコストをかけるというメリハリのある考え方もあってよいのではないでしょうか。

また、働くシーンでは、意外に激しい動きも多いもの。アズさんの例で言えば、写真を撮る機会が多いので、しゃがんだり膝をついたりすることも多いですよね。反対に座りっぱなしも実はパンツが型崩れしやすい姿勢です。そうなると、コスパのよいパンツを買い替えながら、トレンドを押えつつ、きれいな状態でいるほうが好印象かもしれません。

穿いていて不快感があるものは、繊細さんにとっては使えない代物です。買うときにはまずは素材だけではなく、実際に穿いて感触を確かめましょう。裏地がないものは直に素材の触感を受けることになります。ウールなどの素材は要注意。高価なパンツでも裏地がついていないことがあります。

この穿き心地の対策ですが、この本の「はじめに」でご紹介がありましたように、キュ

“毎日をちょっと楽しく・ちょっと幸せに”する
アイデアノート。

Wako's Room

Enjoy the little things every day!

Wako

B5変型ソフトカバー●1,870円

ライフスタイルプロデューサー・Wakoさんの、“毎日をちょっと楽しく・ちょっと幸せに”暮らす方法を詰め込んだ1冊。ハウツーに留まらず、Wakoさんがリアルに使っている光文社通販サイトkokode内「Wako's Room」掲載商品も紹介。さらにQRコードから商品をダイレクトに買えるから、誰もがすぐに簡単に憧れのWako's Worldを手に入れることができます！

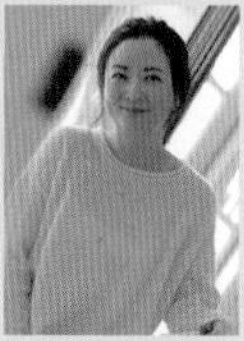

「まずは自分自身を最優先して！
自分が楽しいことから始めてみてください」

ロットタイプのペチコートを着けることでかなり解決することができます。私がおすすめをしたのは、さわり心地がシルクのような、キュプラ（コットンリンターでできた再生天然素材）製のペチコートで、ウールのチクチクするような刺激から守ってくれます。これによってクローゼットに眠っていたパンツが穿けるようになったクライアントもいます。洗濯も簡単で、コスパも良いので、清潔感を保つのにも便利です。ペチコートを使う前提なら、むしろ裏地のないパンツの方がその分軽くすっきりと穿けますね。

動きやすさを追求

パンツはもともと動きやすく活動的なアイテムですが、動きやすさにこだわった商品が続々と開発され、伸縮性がないと売れ行きに差が出るほどです。ウエストの後ろ側だけゴム仕様で、前からみた時に美しく見える配慮がされた商品も増えました。「ストレッチなど動きやすいパンツはありますか？」と聞いてみましょう。

きちんと見える形と色

（形）

仕事用に便利なパンツの例をあげましょう。検索ワードとしても利用してください。細身のスキニーパンツはストレッチが効いていても概してきつさを感じるので仕事にはおすすめしません。長い丈のトップスとバランスよく合わせられる細身のパンツがほしい時、「シガレットパンツ」と言葉を変えて、検索をしたりショップスタッフに尋ねたりして下さい。形状記憶など、アイロンがけの手間がないものを選ぶとよいでしょう。

ワイド

体型をカバーしやすいゆったりしたシルエットでリラックス感が高い。センターラインが入っているものはきちんと感もある。

ストレート

こちらもリラックスパンツとしておすすめ。汎用性あり。

テーパード
太もも部分に余裕があり、裾がシェイプされている。ジャケットの下などに合わせやすい。
ジョガー
テーパードよりさらにシェイプされ、カジュアルな印象。フォーマルな場では避けたほうがよい。

（カラー／色）

カラーはやはりベーシックカラーがコーディネートしやすいと思います。ピンストライプのように遠目だと無地に見えるものは別として色柄の派手なものは、ビジネスシーンでは必要ないでしょう。濃い色のほうが、下半身が引き締まった印象になりますが、とはいえ今や定番と言える白いパンツはやはりぐっとお洒落感が増すので、黒や紺など濃色のトップスとコントラストをつけてチャレンジしてほしいですね。

ボトムスと靴を同じトーンで合わせると、脚長効果が。ベージュやグレーなど顔色と合わせるのが難しい色はパンツに持ってくると素敵です。

スカート

AS Question

ストッキングが苦手なのでスカートは、ほとんど穿きません。やはりスカートが望ましいシーンはあるのでしょうか?

NAGATOMO Advice

スカートは最もエレガントさを演出するアイテムです。フォーマルなシーンではスカートのほうが格上になりますが、普段の仕事着であればスカートでなくてはいけないシーンはありません。そもそもストッキングを履くのはフォーマルでオフィシャルなシーン。これまで一般的だったカッチリしたスーツなら、ストッキングが必須でしたが、最近のカジュアル化したジャケットやスカートでしたら必須ではありません。

スカートの選び方は「丈」と「シルエット」

スカートはパンツ以上にたくさんの種類があります。まず仕事用と考えれば短すぎるものや長すぎるものは除外していいでしょう。デニムのような固い素材や、レースのように肌に触れれば刺激になるものは避けた方が良いでしょう。丈は膝頭が出ないこと、デザインはタイトすぎないものを選んでください。

基本的にシンプルで上品なものを選ぶとよいと思います。ビジネスの場であれば、長めのタイトやセミフレアーがベストでしょう。長さがあれば必ずしもストッキングを合わせる必要はありません。フラットシューズやローファー、スニーカーを合わせてもよいでしょう。

スカート↓P184　ITEM 12 13

ワンピース

AS Question

「ワンピースなら楽ですよ」とすすめられることが多いのですが、肩にどっしり重さを感じるのと、ストッキングを履かなければいけないので苦手です。あと、冷えます。どうしても楽だと思えないのですが、私だけでしょうか？

NAGATOMO Advice

一着できちんとできるワンピース

まず安心をしていただきたいのが、ワンピースも着心地が追求され、肌触りや重さがかなり改良されています。素材は、上質なコットンメインの素材や伸縮性のあるジャージーが心地良いですし、ポリエステルも昔とは違いシルクのような光沢や肌触りです。着てみて、体にまとわりつかないものがいいですね。自宅で洗えるウォッシャブルも増えています。

デザインもゆったりしたものが主流となっており、ベルトでウエストマークを行えばさらにきちんとした印象になります。ベルトを外せばより楽に着こなせます。シーンに合わせて調節できるのもうれしいですね。

しっかり体を守る方法

体を冷やさない、服の生地が直接肌に触れないように、まずインナーでしっかり体を守りましょう。ワンピースの場合もペチコートを着けると痒みがかなり軽減します。その際はうっかり裾が見えないようにペチコートの丈に気をつけてください。

冷え対策については、冬場はもちろんなのですが、夏も冷房で冷えに苦しむ方がいます。最近は腹巻も品数が増え、素材や保湿性などにも配慮されており、とても便利です。

ストッキングですがこちらも開発が進んでおり履き心地はかなり向上しています。コンビニなどで簡単に買えるアイテムですが、ぜひサンプルのあるデパートで様々なストッキングのさわり心地を確かめてみてください。そのひと手間で長年の悩みから解放される方もいらっしゃいます。またワンピースの長さが十分あれば、膝下ストッキングでもよいですし、フォーマルな席でなければ、ストッキングを履かなくてもスカート同様大丈夫です。夏はフットカバー、冬はしなやか素材のタイツがお勧めです。

ワンピース↓P186　ITEM 16

超軽量のアクセサリーもあります

シンプルなワンピースには、やはりポイントとしてアクセサリーが欲しいものです。でも繊細で敏感な方は重さに耐えられない悩みも多く、中にはアレルギーをお持ちの方もいらっしゃいます。その方の体質などに合わせてご用意することもありますが、超軽量のネックレスが「短時間なら大丈夫」と好評をいただています。

他に一生ものジュエリーとして、ダイヤモンドのクオリティがよく、価格帯が広いティファニーのようなハイブランドの一粒ダイヤのネックレスを、ここぞというときの演出に使うのも魅力的です。

こうした一生ものの資産にもなるジュエリーを、自分へのご褒美に仕事をがんばってもよいかもしれません。自分の成長や成功に相応しいものとして目標にするのも素敵なことだと思います。

おすすめはセットアップ

ワンピースに代わるアイテムとして、セットアップも便利で、最近特にドメスティック（国産）ブランドで品揃えが豊富になってきました。揃いのトップスとボトムスで、スカートタイプはワンピース風に、パンツタイプなら縦長ラインでスタイル良く着こなすこともできます。セパレートというメリットを生かして、一着のトップスに対してパンツとスカート両方を揃えて着回したり、ボトムイン、アウト、ベルトづかいなどでかなり着こなしが広がります。シンプルなデザインが主流なので、忙しいワーキングマザーなどは、きちんとしたい父兄会から、アクセサリーを替えてシックな夜の外出まで簡単に雰囲気を変えられる服としても人気です。

昨今のリモートワーク環境では、トップスがきちんとしていれば、ボトムは楽なものでよいというのも一つの考えですから、上半身はセットアップのトップスできちんと装う、ボトムスは楽なものにするのも悪くないでしょう。

着ればパッと出かけられることにかけてはワンピースがダントツですが、リモートワーク中心の方には、どちらかといえばセットアップが便利そうです。

サイズ面でも、上下別に買えるセットアップはより自分に合うサイズのものを組み合わせることができます。

セットアップ→P185

コート

AS Question

重たいコートが正直いって苦手です。ユニクロのウルトラライトダウンという超軽量のコートがお気に入りなのですが、それでずっと過ごしてはダメでしょうか。スタイリスト本には必ずといっていいほどトレンチコートが基本と書かれているので、買ってみようと思いますが、おすすめのものはありますか？　いつもこんなご質問ですみません。

トレンチコートはちょっと待ってくださいね！　コートはその方の印象を大きく左右するもの。またコストも高いアイテムなので慎重に選びましょう。そして「ユニクロではダメ？」実はこれもよく聞かれるテーマです。今回、お答えをしっかり出してみました。

手放しですすめられないトレンチコート

人気のトレンチコートですが、繊細を自認する方にはおすすめしません。確かに歴史があり、いつの時代も普遍的でベーシックなものですし、売り場などでもシーズンになれば必ず目につくところにあるので、ファッション初心者が手にしてしまうことを心配しています。

本格的トレンチの多くがコットン100％で、重い、しわになりやすい、そして乾きにくいのです。買ってすぐの固い素材感はたぶん辛いものになることでしょう。形も実は複雑で、スタイリングが決して簡単ではありません。各ブランド、トレンド感を出そうと最近は変形のものも増え、正直とても選びにくくなっている印象です。ベルトの結び方ひとつでも、粋に見えるかルーズに見えるか……慣れない人には、「下手さ」が明らかになりやすいアイテムです。もちろんトレンチコートが似合う人も、上手にコーディネートできる人もいますが、思い出してください。ファッションの情報発信者は主にはファッションの上級者。初心者や苦手意識がある方にはミスマッチなことも多いのです。

それでもトレンチコートにどうしてもチャレンジしてみたい方は、WWS（WORK WEAR STYLE）の軽くてしなやかなトレンチコートはいかがでしょうか（→P196右下）。コスパもよく、さらっと羽織れて、難しさを感じない商品となっています。このように今までの不自由さを覆す企業努力により、これまでは無理や我慢があって「ユーザーばなれ」が起きていた装いも快適に実現することができるようになりました。今はアパレル業界も変革の時期にあり、私自身スタイリスト目線での提案も行っています。

コートが重い時代も終わる

それではどのようなコートを選んだらよいのでしょうか。素材の開発や進化でコートも軽量化が進み、重くて苦しい時代は終わり。繊細で敏感な方でも、軽い毛布に包まれるようなコートを見つけることができます。

コートにも様々な形があります。繊細で敏感な方のお仕事着とすれば軽くてシンプルな形のものを特におすすめしたいと思います。

ステンカラーコート　メンズによくあるベーシックな形
スタンドカラーコート　衿が立ったデザイン。きちんと感でOLに人気
ノーカラーコート　タートル、マフラーなど首元のおしゃれを楽しめる
チェスターコート　きちんと感のあるロング丈のコート。主にテイラードカラー
ダウンコート　とても軽量。ヘルノ、デュベティカ、ムーレーなど。スポーティなイメー

ジだが、ビジネススタイルに通用するデザインもある。

コートだけは、着てみないとそれこそ着心地、重みが確かめられず、間違って選ぶとその意外な重さや動きにくさに耐えられません。コートとしては確かに軽量でも着てみるとバランスの関係で重く感じることもあります。まず重さの手軽な確かめ方として、店頭でまずは手にとって感じてみて下さい。試着もジャケット同様、試着室に入る必要がありません。はおってみるとさらに着心地をしっかり確かめることができます。

そして試着をするときは、一番寒い日を想定して、厚手のニットの上から着るなど、最も厚着をした状態で着心地を確かめて下さい。最近のトレンドでビッグシルエットのコートが多いとはいえ、やはり着てみないと本当の着心地は確認できません。下に何を着るかで大きく変わりますし、こうしたことが写真や言葉での説明ではどうしてもわからないのです。コストが高いだけに大きな無駄にならないよう、ぜひ通販ではなく店頭でお求めになることをおすすめします。

なぜユニクロのコートだけで通すことはすすめないのか

まず初めにお伝えしたいことは、ユニクロはいまやアパレル時価総額世界一（2021年2月現在）が話題になるほどのメガブランド。日本を代表する、最も気になる画期的なブランドです。最近はジル・サンダーとのコラボ「＋J」が2シーズン連続で即完売したことも話題になりましたね。'90年代後半にジル・サンダーのドイツのご自宅に伺ったことがあり、親日家であることがよくわかりました。だからこそ叶ったコラボだったと推測します。コスト、品質、話題性、さらに文化的にも素晴らしいグローバルブランドですが、行先によっては、選択肢にならないこともあります。アズさんのコートを例にご説明しましょう。

コートは体のほとんどを包む、とても面積の大きい服です。ロングコートを着れば、そのコートの印象がその人の印象の全てになるほどインパクトの強いものです。そして、ホテルやレストランなどで預かってもらうことも多く、「他人に手渡す」機会のある服です。

プロフェッショナルな人ほど相手をよく観察し、その方にとって心地よいお迎えをします。値踏みではなく、コート一着からもその人の価値観や人となりを知ろうと努力をするのです。全ての服がそうなのですが、コートは特に自分自身を象徴するもので、他人にもよく見られるものだとご理解ください。

アズさんのミッションのひとつに、発達障害というテーマを持つ方々に、経験や思いを伝え、希望を持ってもらうということがあると伺いました。講演会などでお客様に希望を持ってもらうには、「アズさんのようになりたい」と一瞬で感じさせるパワーが必要ではないでしょうか。「憧れ」は人のモチベーションをアップさせる大切なものです。そのときファッションの役割は、信頼できる人柄を伝え、「憧れ」を感じさせるものであるべきで、「等身大の親しみ」ではないと思います。ですから、アズさんのファンやお仕事先と接点があるときには、キャリアっぽいステイタスを感じられるコートが必要だと思うのです。

ユニクロのコンセプトのひとつは「あらゆる人の」です。価格もデザインも、幅広いターゲット層のために考えられています。ですからアズさんお気に入りのウルトラライトダウンを持っている人はたくさんいるはずです。「憧れ」を感じさせる立場の人が多くの人と同じでは残念です。コートのように人目に触れるものは万人向けではないスペシャルなものを選んで下さい。普段着としては、ユニクロをこれからもぜひ着てくださいね。「オンとオフの使い分け」はファッションが上手な人の条件です。

たとえばマックスマーラのコートは、デザインがシンプルで洗練されており、着心地がよく、素材も上質で比較的軽量です。ステイタスを感じさせる必要があるシーンでは最もおすすめしたいブランドです。さまざまなシーンで活用でき、長く着られることから対費用効果も高いと感じています。自分にとっての定番が見えてきたら、こうしたブランドの逸品を求めてもよいかもしれません。

マックスマーラのコート↓P188　ITEM 18

靴

AS Question

最後に靴なのですが、もう本当にスニーカーしか履けません。スニーカー前提で服を選びたいくらいです。仕事にスニーカーってありでしょうか?

NAGATOMO Advice

パンプスやハイヒールは私も足が痛くなります。スニーカーはすっかり市民権を得て、仕事のときにも異和感なく履けるようになりました。ただし、スニーカーにも仕事ＯＫのものとそうではないものがあります。しっかりと見分けていきましょう。そして、スニーカー以外にも選択肢を広げていきましょう。

スタイリングは靴から始める

ファッションの現場で一流から駆け出しまで数えきれないほどモデルとの出会いがありました。「この人はブレイクするかも」と思うポイントのひとつに実は靴の扱いがあります。

一流のモデル、また将来そうなる人は、撮影時に必ずコーディネートした靴を履きます。足元が映らない撮影のときに、スタジオのスリッパで済ませてしまう人は、残念ながらモデルとして一流と言えません。ファッションは靴も含めて完成します。基本的には靴が欠けているスタイリングは完成していないのも同然なのです。

映らないと分かっていても、靴を履くことで腰の位置が上がり服の見え方がバランスよくなることを分かっているモデルは洋服というものの本質を理解しています。そのプロ意識の有無が将来にも大きく影響します。

カメラの前にスリッパで立っていた新人モデルが、ある日「靴を下さい」と言ってきたら、「この子は一流モデルになる！」とそれはもう嬉しくて仕方がなくなります。それほど、靴への意識は大事なものです。

その日着る服を選ぶ時、一日の行動に合わせて靴から考えて下さい。どんな人に会って、どんなムードが必要なのか？　イベント会場で立ちっぱなしで力仕事もありそうならスニーカーで活動的に。クライアント先に出向くならパンプス（1日履いていられなければ履き替え用としてバッグに準備する）、など。また、どなたかのお宅に伺い靴を脱ぐなら着脱のしやすさも考えたいですね。当たり前のことのようですが、予定に合った靴を選ぶことで、より活動しやすくなり、無用なストレスはなくなります。反対に、予定に合わないものを選んでしまったとき、印象もパフォーマンスも損なわれるので、その日の靴選びは慎重にしたいものです。

あの人気スニーカーはNG

スニーカーといえば代名詞のように出てくるコンバース。最近、アメリカの女性政治家カマラ・ハリスが愛用していることでも話題になりました。しかし、日本の仕事の場には、あえてNGです。素材がキャンバス（帆布）だからということもありますが、全体のシルエットが一番の理由です。レザータイプも発売されたようですが、もともとカジュアルなムードが強いので、「ビジネスのためにわざわざ選ぶ」必要はないのではないかと思います。オフの日のファッションには、大いに履いてください。

仕事用のスニーカーを素材でジャッジをするとすればレザーがよいでしょう。ブラック、ホワイト、グレーなどハイブランドから国内ブランドまで幅広く発売されています。ランニング用などスポーツマインドが強いものは避け、シンプルなものを選んでください。

スニーカー以外の履きやすい靴

スニーカーでは通用しないシーンには、ローファーやスリッポンタイプが、よりきちんと見えておすすめです。バレエシューズはカジュアルな印象が強いのでここぞの仕事用には避けたほうが無難です。

なかでも上質なローファーは、シンプルで美しく、しかも自分の足型に合うものが見つかれば程よくフィットし足を包み込むような履き心地がとても楽なはずです。各ブランドでデザインも豊富なので、色々履き比べて感覚を確かめてください。メンズライクで硬めのものから、ソフトなものまで千差万別です。こんな時は、さまざまなメーカーやブランドの靴が一度に試せるデパートは便利ですね。手入れをすれば長く履けるものなので、丁寧に選びましょう。

スニーカー・ローファー・スリッポン→P194　ITEM 23 24 25

第5章

繊細でも敏感でも大丈夫
シーン別メソッド

ファッション弱者の私でもだんだん楽しくなってきた！

アイテムの基本が理解できると、ファッション弱者から初心者くらいには成長できて、ショップに行くのがだんだん楽しくなりました。ファッションに興味を持つためには、やはり実際にショップに足を運び、触れてみることがいいきっかけになりました。美しい色や形、心地よい素材の感触、ショップスタッフとの出会いが心に響いたこともあり、ファッションは近づいてみるとやはり素敵だと感じられるようになりました。

そろそろ私も何か服を買ってみたい。でも、いつ、どこで、どんな組合せで着たらいい？

実際に服を買って着てみようと一歩踏み出そうとしたときにこんな戸惑いが生まれました。「仕事のためのきちんとした服」を着るべきシーンとは、いったいどんなときのことをいうのだろう？繊細で敏感な人には生真面目で、先行きがわからないことに不安を感じる人が多くいます。知りたいのは、いつきちんとするためにスイッチオンにすればよいのか、そしていつ気を抜いてもよいのかということです。

まだ少しどきどきしますが、実際に服を買うときの、「いつ、どこで、どんな組合せ」の問題をどうクリアしたらよいか、長友さんに聞いてみました。

もう一歩先のレッスンへ

アズさん、再び長友です。スタイリストという仕事がそもそも変身をサポートするものなので、あんなにファッションを嫌がっていたのに、服が欲しくなったと聞いて嬉しい限りです。確かに、いつ、どこで、どんな組合せで着たらいいかという判断ができるようになるためには、もう一歩レッスンを先に進める必要があります。

普段のパーソナルスタイリングでも、その方にとって本当に必要なファッションを理解するために、さらに細かいインタビューが必要になります。デスクワークで1日中パソコンと向き合う日もあれば、物を運んだり、かたづけたりするなどの体力仕事の日もあるでしょう。取引先との打ち合わせで外出したり、ミーティングを兼ねての会食には華やかな装いが必要になる場合も。人によってはさらに多様な「きちんとするべき仕事のシーン」を持っているかもしれません。敏感で繊細な方にとっては、心身への負担も考え、無理なく着ていられる工夫をする必要があります。アズさんでなくてもこれは難問です。

では、「いつスイッチオンすればよいのか」という問題を解決するために、アズさんのライフスタイルも参考にしながら、シーンとそれに合うファッションを考えてみました。

●スイッチオン！　プライベート

プライベート外出用　外食、ショッピング、ライブ鑑賞など（タウンウェア）

●スイッチオン！　ワーキングタイム

ボーダーレス　オンライン仕事や外出着にも切り替えられるルームウェア（ホームオフィスウェア）

ワンランク上　TPOに合わせたワンランク上の外出着（ビジネススタイル）

スペシャル　さらにスペシャルな外出着（フォーマルなど）

●スイッチオフ
就寝用（ナイトウェア）とリラックス用（ルームウェア）

スイッチオン！　のときは、直接・リモート問わず人目があるので、それは意識した方がよいでしょう。ワーキングタイムはしっかりスイッチをオンにする必要があります。アズさんのようにファッションに苦手意識がある方は、プライベートのカジュアル外出着から「自主トレ」をスタートしてはいかがかと思いました。

オフタイムは、一見仕事と関係ない？　と思われるかもしれませんが、この本の読者にぜひお伝えしたいことがあるので、最後にご説明をさせて下さい。

休日の服で練習しましょう

プライベートでの外出着は、基本的に自由です。個性を発揮できるので、カジュアルファッションを楽しんでください。アズさんのように苦手意識がある方は、この自由で気軽なシーンを、仕事の服選びの「練習」にして下さい。繊細さんとお話ししていると失敗にも敏感なので、人一倍空気を読み、服をきちんとできないご自身を責めることがあります。服に無頓着であることを気に病んでいないわけではないのです。

ファッションに挫折を感じているなら、一見遠回りのようですが、プライベートで「自分自身が安心して人に接することができる外出着を決めておく」「ショップスタッフと話したり、他のお客様を観察することで、経験値を積む」ことが第一歩として有効ではないでしょうか。

境界線がないボーダーレス服　室内活動、オンライン仕事、外出など

いよいよ仕事のためのファッションです。着心地がよく、モチベーションが上がるファッションで自分にスイッチを入れましょう。

2020年以来、在宅で楽な服で仕事ができるようになったと同時に、オンラインミーティングなど、仕事が急に家の中に入り込んでくることも増えました。家事や育児、介護

などの家のことをしている最中に、オンラインで突如仕事が始まるのです。このように境界線がなくなる「ボーダーレス」という未知のワーク&ライフスタイルに、多くの人が一気に移行をしました。

このシーンで必要になるファッションはまさにこのボーダーレスに対応できるものです。プライベートなシーンでの日常着にもなり、ちょっとした工夫でビジネスウェアとして外出にも対応可能です。この、広範囲で茫洋とした場面には、ファッションで句読点をつける必要があります。外出にも使うとなるとアウターや靴も合うものを選んでおきたいところです。

TPOに合わせたワンランク上の仕事着

そして、仕事のための外出着については、ルームウェアの延長線上で行ってはならないワンランク上のシーンもあります。目上の人など失礼があってはならない人に会う、打合せでホテルや高級レストランなどに足を運ぶ場合などはそれなりの気遣いがあったほうがよいでしょう。こうしたときにはルームウエアからの発想ではなく仕事のためにきちんと用意したビジネススタイルに切り替えることが必要ですし、結果的に自分自身もストレスフリーです。

こんなときにはワンランク上に切り替えてください！

・目上の人や、外部組織の人など失礼があってはならない人と会うとき
・契約時など大切な取引の場
・パーティーなどある程度華やかな服装が求められるとき
・打合せや展示会などで高級ホテルやレストランに行くとき
・写真や映像などの記録が残るとき

スペシャルなときだけはマナー優先

最後に、仕事の中でも本当に別格の特別なシーンでは、繊細な方であっても、個々の事

情より、マナーやルールのほうが優先されます。基本的には決められたドレスコードやレベル感での装いが求められますので、数時間のあいだの努力や我慢が発生することを理解しつつ、いかに心身を楽にする工夫をするかを考えていきましょう。

こんなときにはスペシャルに切り替えてください！

・冠婚葬祭などのフォーマルな場
・組織を代表して人前に立つとき
・セミフォーマルな集まりやパーティなど
・「ブラックタイ」などドレスコードが決まっている格式高い集まり

リラックスタイムも大切なシーン オフがなければオンはない

各シーンについてお伝えをした最後に、リラックスタイムについてです。仕事する人にとって「オン」と「オフ」の区別は必ずあると思います。「オフの時間」の就寝とリラックスタイムの過ごし方が、「オンの時間」に大きく影響します。本番でのパフォーマンスを完璧にするために、一流の人ほどオフタイムの過ごし方を大切に考えます。繊細で敏感な人にとっても同じように、「オフ」が「オン」を支えるのではないかと思います。

ナイトウェアというスイッチ

仕事が1日無事にできるかどうかは、前日しっかり眠れるかどうかにかかっています。仕事は前の晩の睡眠からがスタート。ルームウェアのまま寝るのではなく、きちんと就寝用のナイトウェアを着るといいことがたくさん起こります。

ルームウェアとナイトウェアとを兼ねてしまうと、一体いつ寝るのかという意識が非常に曖昧になります。ルームウェアのままでいると、本を読んだりスマフォを見たり、コンビニなどに行くこともでき、いつまでたっても活動が終わりません。繊細で敏感な人には不眠症に悩んでいる人も多いはず。なかなか眠れない人は、寝床でなにか他のことをすべきではなく、ベッドや布団は寝るところという意識づけをしないと、質の良い睡眠が取れません。ナイトウェアを着ることを入眠儀式として、意識的に自分の心に活動停止の合図を送りましょう。また起床時にも、ナイトウェアから着替えることで、「活動開始」というスイッチも入れられます。睡眠時間と活動時間を切り替えることで、よりよいリズムを作ります。

慎重にしたいナイトウェアの選び方

ナイトウェアは、締め付けない、肌に優しいなど着心地がよいものであることはもちろん、肩回りが露出しないものがおすすめです。触覚過敏がある人は、掛け布団も、わずらわしさからはだける傾向があると聞きました。買い替えるときはそんな視線でもう一度選びなおしてみましょう。

自由も満喫ルームウェア

ナイトウェアから着替えてメリハリはつけるものの、リラックスして過ごすルームウェアは本当に自由でよいものです。自由な時間も持たないと、意識的に自分をコントロールする時間を持ち堪えられません。リラックス用であれば極端ですが、他人が見て変でも構わない！　と割り切ってのびのびと過ごして下さい。

オフタイムのファッションは、プチプラアイテムから高性能のものまでたくさんの商品が売られています。たとえば私が好きなのは、GAPのLOVEシリーズ。モダール、スーパーソフトテリーなどを素材にしたルームウェア。アイテムによってはトップとボトム別サイズで購入することも可能です。また、Zara Home のナイトウエアも価格に比して快適なものがあるのでチェックしてみてください。

また、最近注目しているのが、ホリスティックな視点でボディ・スキンケア製品、スパなどを手掛ける Bamford のリラックスウェアコレクションもクオリティが高くおすすめです。

リラックスウエア↓P195　ITEM 26 27 28

アズコラム

睡眠のためのお役立ちアイテム

私は発達障害の影響で体調不良を起こしやすく、睡眠をしっかり取ることが不可欠です。また現在日本では、5人に1人が睡眠障害で悩んでいるといいます。ご紹介したアイテムが十二分に生かされるよう、工夫を重ねてきたことをお伝えします。

過敏体質がある人の多くは、就寝時にいっそう敏感さを増します。日中の興奮が残り眠れない、静かな時間に考え事が始まってしまう。敏感だからこそ気づく、時計などの些細な音や、家電製品などの小さな光、柔軟剤などの生活の匂い。神経が敏感に働き始めるとナイトウェアや寝具のことにもよく気がつくようになり、縫い目やちょっとしたヨレなどもストレスに感じることがあります。

自分も含め、繊細で敏感な人のことを考え

るといつも思い出すのが、「エンドウ豆の上に寝たお姫様」というアンデルセンの童話です。本物のお姫様を迎え入れたいと願った王子が、本物のお姫様なら敏感に気がつくはずだと、一粒のエンドウ豆の上に二十枚の敷布団と二十枚の羽毛布団を引いた上にお姫様を寝かせ、気づくかどうかテストをします。お姫様は見事に豆に気がつきお妃様になれるのですが、お妃になれる条件が、繊細で敏感であることという この童話の教えも、また面白く感じます。

繊細で過敏な人のためだけではなく、睡眠の質を向上するために、軽く、柔らかく、温かく、技術を駆使して作られているナイトウエアもあります。

たとえば、タオル作りの老舗である内野株式会社は、素材の開発や製造技術はもちろん、リラックスに関わるいくつもの分野に研究を重ね、UCHINO relax UCHINO TOUCHなどの店舗があります。代表的なアイテムとしてはマシュマロガーゼのパジャマなどがあります。

また、ルームウェアにもなるタイプのものとして、VENEXというブランドでは、リカバリーウェアといって、良質な睡眠や休養を取ることを目的に服作りをしています。体調管理に特別な配慮が必要なアスリートなども注目をしているものです。

VENEXのリカバリーウエア→P195 ITEM 27

そのほかのお役立ちグッズ

［無音時計］

秒針の音がしない時計のことをいいます。無印良品などでも手軽に手に入ります。

［重いブランケット］

繊細で敏感な人は重さに弱いイメージがあると思いますが、一方で重いブランケットで加重をすることで入眠を助けるというアイテムもあります。包まれるような安心感で眠れるというもので実際とても好評です。「チェーンブランケット」と呼ばれることもあり、ニトリからも発売されています。

［カーテン］

光を遮る遮光カーテンを愛用している人も多くいますが、私はカーテンを開けて眠ることで自然と朝日を浴び、体内時計にスイッチを入れています。昼夜逆転の改善にも使われる工夫です。

［お香］

におい過敏があると、料理の残り香やペット臭にもよく気がつきます。においでにおいを消す方法ですが、リラックスできるお香の香りで、生活臭が気にならないようにしています。

［ホワイトサウンド］

音で音を消す方法です。外を走る車の音など、制御できない音の場合、波の音などリラックスできる音でそれを気にならなくすることができます。

［読書スタンド］

本当は寝る時には何もしないほうがよいのですが、眠れなくなってしまったときにスマフォを見始めるよりはマシという考え方で本を読むためのスタンドを用意しています。

自分を守る＋ファッション

ファッションは安心毛布

長友さんのレッスンでシーンについての判断も分かり、あとはやるだけ。がんばります！

発達障害をテーマに執筆活動をしている、借金玉さんという面白いペンネームの方の著書『「あたりまえ」がやれない僕らがどうにか生きていくコツ47　発達障害サバイバルガイド』（ダイヤモンド社）にこんな言葉がありました。

〝僕は、発達障害者にとっての服というのは、まず「ライナスの毛布」であるべきだと思います。それはあなたの身体を快適に包み、あなたを安心させるものでなくてはいけません。〟

ライナスの毛布とは心理学の分野で使われる言葉で、「安心毛布」とも言います。その人にとって愛着があり手放せない、持っていれば安心できるものを意味するのだそうです。

誰もが知っているスヌーピーと仲間の物語、『ピーナッツ』。ここに登場する、ライナス・ヴァン・ベルトという少年が肌身離さず毛布を持っていることから、「ライナスの毛布」と呼ばれるようになりました。

仕事のためのファッションは、誰にとっても緊張感と気合を高めて着るものというイメージがこれまでは強かったかもしれません。でも少し視点を変えて、着ることによってリラックスして仕事に臨める、そうすればパフォーマンスも上がる。そんなファッションを手に入れたい。これは繊細で敏感な人の願いです。シーン別にそれが実現できるノウハウを、再び問答集のスタイルでひもといていきます。

シーン 1 食事の席で

AS Question

過敏体質がある私には、外での食事の場は緊張の連続です。「食事」という行為は、特に敏感体質の人にとっては〝刺激〟になるものです。何かを飲み食いするということは、ダイレクトに体調に影響します。ですから、食事の席でのファッションについては、まず絶対に体調不良を起こさないという目的意識を持つ必要があります。

発達障害の特質として、私自身は同じものを食べ続けるという傾向が強く、長い間アレルギーとのつきあいもありました。合わないものを口にするととても反応が出やすい体質なのです。繊細で敏感な人には、このように食べ物に対しても感じやすい人が多くいます。

一度、講演会の前にいただいたお弁当でお腹が苦しくなってしまい、さらに舞台の上の照明の眩しさや暑さで気分が悪くなり、なんと800人以上の観客がいる目の前で数分舞台を降りてしまったことがありました。無意識にウエストに手がいっていたのか、「お洋服を気にしていましたね」とあとで客席にいた方からも言われました。

このこと以来、私が普段気をつけて避けているのは、砂糖、小麦粉、食品添加物、肉や卵、カフェイン、激辛などの刺激物、アルコール。特に要注意がアルコールで、好きなのでつい飲んでしまうのですが、一度反応すると1週間はお腹が不安定になります。私にとってアルコールはほぼ下剤です。

基本的に仕事の用事と食事を出来るだけ混ぜないようにし、講演会などで人前にでる仕事のときには、早めに食事を済ませて落ち着いた頃に本番の時間を迎えるように調整をしています。それでも、食事の席が避けられないときにはどうしたらよいのでしょうか？

そしてこの食事が恐怖になっている緊張感からは一生卒業できないのでしょうか。

また、体調第一ではあるのですが、仕事の関係でホテルのレストランや、高級店に招かれることもあります。そんなときに、体が楽でその場の雰囲気を壊さないという両立がかなう服はあるのでしょうか。

NAGATOMO Advice

仕事を兼ねての食事の場は信頼を深める絶好の機会。大きなチャンスにつながることもあるでしょう。だからこそ、心配なく良い結果が得られるように万全に臨みたいですね。

食事の前後のスケジュールで何を着るかの判断は変わります。たとえばお食事の前後に仕事があって多忙な日なら、「会食の時だけオーバーブラウス作戦」はいかがでしょう。まず、ボトムスはジャストフィットではなくウエストに少しゆとりがあるパンツやスカート。トップスは、ウエストインでもアウトでもさまになるブラウスを選び、仕事中はウエストイン、食事の時はオーバーにしてください。ボトムスはゴム仕様のゆったり楽なパンツやスカートで、ウエストを緊張と刺激から解放します。その分ブラウスはきちんと感があるものを意識して。会食中、他の人々の目に入るのは上半身オンリーですからね。

その日の外出は食事会だけ、という余裕あるスケジュールであれば、ウエスト周りが一番楽な選択肢はワンピースです。一枚でエレガントに見え、改まった席などでも通用しやすくなります。しかもコーディネートを考える煩わしさがありません。

身体にまとわりつかず、ゆったりとしたデザインのものを選びます。丈はずばりミモレ、つまりパンティストッキングを履かなくても良い丈感にすれば、さらにお腹を締めつけません。

ただ、体を気遣うあまりにルーズな印象になってしまうのは残念なので、食後にバッグにあらかじめ入れておいたベルトでお化粧室でしっかりウエストマークしてアクセントをつけるという裏技もあります。ワンピースが、元々ベルト付きで、ベルトありでもなしでも決まるデザインのものであれば、それに越したことはありません。なければ、細ベルトをバッグの中にしのばせればスペースも取りません。どのようなファッションでも、お食事の際にはストレスの元はひとつでも少なくしておいたほうがいいですよね。

「汚さないようにしなければ」と心配なら、汚れが目立たない色、そしてシンプルなデザインのものにするとぐっと気持ちが楽になります。デザインブラウスなど、ボウタイ付きだったり、袖口が広がるものだったりすると、汚しやすいのでそうしたものは避けましょう。撥水素材や加工がしてある服は汚れにくく便利です。

そのうえでさらに印象を整えるには、「体に直接触れる」ものではなく、「体に触れない」ところでの工夫で、刺激を少なく、さらにイメージアップすることができます。

クラッチバッグやチェーンウォレットなど、上質で小ぶりなバッグを持つとジュエリーを着けなくてもアクセサリー的な役目を果たし、見た目がぐっとエレガントになります。スマートフォンカバーなどをハイブランドのものにしてもよいでしょう。普段使いのトートをクロークで預け、小ぶりのバッグのみにスイッチすればスマートにふるまえます。

一粒ダイヤのネックレスなども、印象を格上げすることができます。特に体調が今ひとつの時など、簡単にきちんと感を増すことができます。ネックレスの装着が不安でしたらハイブランドのリングも便利です。カルティエ、ハリー・ウィンストンなどの品格のあるダイヤモンドリングをバッグにしのばせておけば、さっと手元で着け外しができるので、アクセサリーが苦手な方でも、会食中2時間限定のものと割り切って負担感なく使えます。

冷房に弱い方は空調の影響を受けにくい席に案内してもらえるといいですよね。音に敏感な方はうるさくない席に、においに敏感な方はお化粧室から離れたところに。仕事柄、会食をセッティングすることも多く、センシティブなクライアントへの配慮（時には自分自身の快適のためにも）が自然と身につきました。予約の際に要望を細かく伝えることで、お相手とのコミュニケーションに集中できます。

レストランのスタッフに協力をしてもらうためにも、「サービスのクオリティを求める客」とわかってもらうことが必要です。ファッションが上質であれば、この点が一瞬で伝わります。コートなど預かってもらうものは特に、それを通して判断されることが多いのでそれなりのものを選びたいですね。

会食のワンピース→P190　ITEM 20

シーン
2
移動のときに

AS Question

仕事をしていて一番辛いことは何？と聞かれたら、「移動」かもしれません。

乗り物に乗るというシーンには、感覚が過敏な人にとってはたくさんの難関があります。ターミナル駅などでは色々な音が入り混じり、体感的には騒音レベル。車内では、色々なにおいや人が見ているスマフォの光、振動などが溢れています。長距離の移動ともなれば、固いシートに身を縮めて座り続ける苦痛。知らない人と長時間至近距離で一緒にいなくてはならない緊張感。飲食をしている人がいるとそのにおいは強烈です。大阪から東京に帰る新幹線の中で、豚まんを食べていた人がいてすごく辛かった。飛行機も同様です。車なら少し楽かもしれないですね。ただ狭い場所が苦手、車酔いなどの心配がある方にとっては、やはり緊張感があることでしょう。

勤めていた頃は、毎日、約1時間の通勤が辛く、指定席定期券をものすごい値段で購入していました。出張ともなると、新幹線や飛行機での数時間の移動のために、ほとんどパジャマのような服装で乗り込み、降りた駅で着替える場所を探すということで乗り切っていました。そうした移動時に着ている服の刺激は本当に大きな負担となり、とてもではありませんがスーツなど着て移動をするのは無理でした。

長距離移動をした当日の活動が心配なときには前泊し、それでも不安が拭えないコンディションのときには、出張自体を諦めなければならないこともあったのです。本当はチャンスだったのに、諦めることはとても残念でした。

もしも移動の負担感から心身を守ってくれるファッションがあれば、とてもうれしいです。乗り物の遅延で、着替える時間がなくなってしまい、大変だらしない格好で出張先でのお迎えを受けなければならなかったという苦い経験もあります。

それは本当に大変でしたね。私自身HSPのような傾向があり、特に狭い場所が大変苦手なので、お気持ちはとてもよくわかります。長距離路線のビジネスクラス以上を使い慣れた方々は、皆さんリラックスした服装で過ごしています。機内ウェアのサービスなどもあったりするので、渡航の長時間移動は、誰にとっても負担感があるものなのでしょう。

目的地に降り立ってすぐに仕事をしなければならない時、移動の疲れを軽減するために、私自身もこんな工夫をしています。

長時間のフライトではTシャツに、ゆったりしたジャージ素材のワイドパンツなどルームウェアと大差ない格好で搭乗します。おそらくアズさんの言われる「パジャマのような服」にかなり近い状態です。

その上に、ビッグシルエットのアウター（カーディガンなど）をはおると、ときにはストールのように、ときにはブランケットのように温度調整にも使えて、かなり心地よく過ごせます。乗り物内でリラックスモードで過ごすためには上質なカシミアをぜひ試してみてください。たとえばロロピアーナ、ALLUDE、カシミアにこだわるあまりに私自身が商品企画をした、Nagatomo for Salon le Chicのカシミアシリーズなどは、価格的には少し決心がいりますが、きっと長く付き合えて、よい投資だと思います。実際に触れてみると肌に優しいことが実感できますし、軽さと気持ちよさは大きな助けになるでしょう。

そして、降りて着替える間もなく仕事モードに切り替える時には、このビックシルエットのアウターを、落ち感のきれいなロングカーディガンやオーバーシャツに着替えるだけである程度きちんとした印象に早変わりできます。ウエストマークすれば、なおよいでしょう。これらのアイテムは、薄めのガーメントケース（お店でくださるような、仰々しくないもの）で持ち運べばフライト中掛けておいてもらうことも出来ます。そのうえ、うれしいことに座席で着替えても不自然には見えません。着替え場所を探す手間と時間を省けます。

フライト中のリラックススタイルからビジネススタイルへ↓P193

きちんとしたジャケットをガーメントバッグなどで機内持ち込みということもあるでしょう。ただこうした従来のジャケットはキャリーバッグに畳んで収めると、大なり小なりシワになり、目的地に到着してすぐ着替えるには不具合かもしれません。

そこでお勧めなのがコンパクトに折り畳めて軽くてしわにならない素材のパッカブルジャケットという便利なもの。出張族に支持され、最近はデザインも多様で、選択肢も増えてきました。機内バッグの中でも場所を取らず、さっと出して着ることが可能です。

ダンスウェアのUSブランド、ダンスキンは、ツアーも多いダンサーのために、軽くて伸縮性があり、また洗濯にも便利な機能を備えた服を開発しています。舞台関係者は衣装の持ち運びが日常なので、配慮と工夫が重ねられています。最近、タウンウェアとしても優秀なパッカブルのジャケットを作っています。日常的なビジネスウェアであれば十分な機能とデザインの良さでお勧めです。

パッカブルジャケット→P178 ITEM 2

パッカブルコート→P192 ITEM 22

きちんとした会食のお席や、講演会などの本番がある場合は、宿泊先や楽屋が用意されていると思いますが、お出迎えの方と初対面の際のスタイルとしては十分だと思います。

シーン3 怒りのスイッチ

AS Question

普段は怒られることの方が圧倒的に多いのですが、長い仕事生活の中では自分自身が怒りを抑えられなかった経験もあります。相手のファッションが原因で、私の怒りに火がついてしまったことがあり、「ファッションと怒りの関係」について考える機会になりました。

ある仕事の関係者が、たくさんの人を巻き込んだお金のトラブルを起こしてしまったことがありました。1秒でも早く解決しなければならない緊迫感の高いシーンに、問題を起こした当事者が、真新しい華奢なハイヒールを履いて登場したのです。季節が変わるから新調したとのこと。私も含めて何人もがそのことで奔走している間に、のんびり買い物を楽しんでいたかと思うと怒りを抑えることができず、「絶対に許さない」というスイッチがそこで入ってしまったのです。これが地味なパンプスなどだったら反応は違ったかもしれません。ヨタヨタとしか歩けない、チャラチャラとしたお花のハイヒールだったから腹が立ったのです。その一瞬の印象の悪さが影響し、最も厳しい対処をその人には取ることになりました。

このことではっと気がついたのは、自分はファッションに全く関心がないと思っていたけれど、意外と細かく相手の服装を見ているのだなということ。そして一目見た装いのあり様で、相手の誠意を自分がジャッジしているという事実にも気がつくことができたのです。

自分を振り返ってみると、良くも悪くも感覚が人と違うために、「空気が読めない」とずいぶん批判を受けてきました。悪いことをしているつもりはないのに、いつの間にか相手を怒らせてしまうことがよくあるのです。きっとファッションが相手の怒りを誘ってしまったことも多々あったと思います。ファッションを通じて相手の気持ちがこれほど影響を受けるのだと、想像したこともなかったのですから。

相手の怒りのスイッチを押さないで済むファッションのコツってあるのでしょうか。

NAGATOMO Advice

謝罪のためのスタイリングを依頼されることもあります。信頼を回復するための大切なシーンで、装いがさらなるイメージダウンの引き金になることは絶対に避けなければなりません。むしろファッションの力で、真意を伝え、ベストな着地点を探すべきです。個人にとっても組織にとっても、リスク管理のスキルのひとつと考えています。

アズさんが経験されたケースでは、彼女がオーソドックスなファッションで現れたら結果は違っただろうと思います。つまり、奇抜さを避け、女っぽさを極力控えめにした、ぴりっとした真面目さが伝わる装いですね。

悪気はないのに、いつのまにか相手を不快にさせている。そんな人のファッションを見てみると、余分な装飾品、露出が多いなど、何かしら理由があります。デートや女子会用ならデコラティブもいいと思いますが、仕事の場、ましてや謝罪の場では、どこか本気度を疑われます。

ある女性が、常々ちょっとデコルテ見えすぎなのが気になっていましたが、セクシーに見せたいわけではなく実は感覚過敏で首周りが気持ち悪いがゆえだったと知ったことがありました。私が彼女に伝えたのは、「インナーにユニクロのキャミソールを後ろ前にして着るといいですよ」ということ。お手軽な工夫ですが、襟ぐりが深いニットでも、キャミソールの背中側の横一文字がラインでしっかり胸元がガードされます。謝罪のシーンでは、胸元が開く服自体がNGです。シャツならボタンひとつ開けるまでが限度でしょう。

シーン4

ブティック、セレクトショップで「私を嫌わないで」

AS Question

ファッションリサーチのために、たくさんのショップを訪れるようになって、とても人目が気になります。おしゃれなアパレルショップに、ファストファッションのルームウェアで毎日やってくるおばさん（私のことです）。「変な人が来ている」と思われているだろうなとドキドキします。心の中で、「私は社長！」「私は著者！」「シャネルも持っている！」と叫んでいる自分が面白いです。

ファッションが整わない不安を感じる日々の中、子どもの頃に服のことでからかわれたことを思い出しました。服を選ぶセンスにも、人とは違う感覚が出てしまっているような気がしています。合わない色や柄物を同時に着てしまうことが多かったので、そんな自分への防衛策として無難で地味な服に偏っていきました。気に入ると同じものをずっと着続けるので、「服を持っていないの」と言われたこともありました。今思うと、普段着の中で、数少ない着心地のよい服を手放せなくなり、ヘビーローテーションをしていたのです。

おかしな服で悪目立ちしたり、地味な服で「おばさんくさい」と言われてしまったり、珍しく気に入ればワンパターンと言われ、どうしていいかわかりませんでした。目指したいのは、人からなにも言われない服。嫌われる要素、ダメ出しされる要素を消したかったのです。大人になってからも、「アズさんの服では、レストランでは絶対にいい席に案内されません。誰からも見えない席に連れて行かれるに決まっています」と言われるのを笑って聞いていましたが、心がちくっと痛みました。

繊細さんは嫌われることに強い不安を持つ傾向があります。服のことでも「嫌われたくない」と思ってしまう。ファッションでこの思いを覆す、よい対策はないでしょうか。

ファッションはモチベーションを上げるスイッチになるべきなのに、悩みの種になってしまうのは残念です。ぜひともトラウマをなくしましょう。

パーソナルスタイリングを依頼する方が皆さまファッションが好きか、というとそうでもありません。

私のクライアントのビジネスエグゼクティブの方の中には、ご自身のお仕事の分野では超一流の手腕をお持ちでも、ファッションについては無頓着だったという方も少なくありません。ビジネスの成功とともに責任が増し、人前に立つ機会が増えたために、本来は興味もなく苦手な『ファッション』が突然必要度を増したり、急なテレビ出演や格式高い表彰式などで慌ててご連絡を下さる方もいらっしゃいます。そんな方々のお困りの様子は、アズさんと似ています。センスの鋭い方はセンシティブでもあって、ファッションへの自信のなさで自己肯定感がダウンすることもあるようです。

アズさんのお悩みの中で、私が面白く思ったのが、〝心の中で、「私は社長！」「私は著者！」「シャネルも持っている！」と叫んでいる〟という部分です。

まさにそこはファッションが役立つところです。だらしない人と思われそうな服装でショップに来てしまったが自分はきちんとした人だと伝えたい思いが心の叫びになったのだと思うのですが、ひと目で、経営者であり、クリエイティブな職種、きちんとしている人だとわかる装いであれば、心で叫ぶ必要もなく、静かな気持ちでいられます。

ファッションひとつでその方のパーソナリティは伝わります。アパレルのショップスタッフならそのサインを受け取るスキルはあると思います。「人にわかってもらえた」という瞬間って、ほっとしますよね。

人気商売の方などは「嫌われる」ことが生命線にかかわることもあります。アズさんが小さなころから感じていた、「嫌われた」という感覚は、憎しみや差別というよりも、相手が服装も含めて「違和感を持った」ということではなかったかと推測します。今、ここではこういう雰囲気で過ごそうよ、というサインをキャッチすることが苦手で、相手が違和感を持った、ただそれだけと考えてみてはいかがでしょうか。仕事の場で、落ち着いて周りの人がどんなファッションでいるかを観察するだけでも、自分が発してしまう違和感は和らいでいくと思います。

真似ることからスタートしても個性は消えませんし、そこから相応しい方法で個性を演出することも手軽にできます。服選びがハードル高く感じるのなら、小物使い上手を目指すのも手軽でおすすめです。財布、アクセサリー、名刺入れや時計、万年筆など、一点豪華主義でもよいので、こうした持ち物を上質なものにすることで、とても素敵に見えて一目おかれます。ハンカチ一枚でもいいですよ。真っ白な麻のハンカチを持っているだけで嫌われなくなります。どなたでもできる簡単な方法です。ぜひやってみてください。レストランにも自信を持って行かれるようになります。

昔話ですが、ある男性有名人とドレスコードのあるレストランにご一緒した際、Tシャツに短パンという、夏休みの虫取り少年のようなファッションで現れ、エントランスで大変な騒ぎになったことがありました。いかに有名人でも、レストラン側がこんな時のために用意しているネイビーのジャケットに袖を通すまでテーブルに案内してもらえませんでした。ですからアズさんだけが冷遇されているということではないですね。逆に言えば、ゲームのルールを守るようにファッションのルールを守るだけで、実はとてもフェアに接してもらえることに気がつくと思います。

ファッションに興味をもっていただくことで、心の痛みがひとつでも減るのであればそれも幸せになるためのよい選択です。アズさんにも、この本を読んでくださっている方にもきっとそれができると思います。

繊細で敏感な人の救世主　シャネル

「CHANEL（シャネル）」と言えば、誰でもその名前を知るハイブランドです。高級で重厚なイメージを持っている人も多いのではないでしょうか。

実は、創業者のココ・シャネルはきつく重いドレスから女性を解放したファッションデザイナーであり経営者です。数々の名言を残しており、「シンプルで着心地がよく、無駄がない。私はこの三つのことを自然に、新しい服装に取り入れていた」という言葉にもシャネルのポリシーが感じられます。

シャネルは幼少期には孤児院で過ごし、第一次世界大戦、第二次世界大戦を経験するなど波乱万丈の人生を送っています。シャネルが活躍するまでの女性は、コルセットで体を締め上げ、装飾過多なロングドレスや帽子というスタイルでした。女性が自由に社会で活躍をする時代への過渡期に、ファッションにおいて革命を起こしたのがシャネルです。

女性の肉体を窮屈な服から解放したいという願いから、伸縮性豊かなジャージー素材の服をつくり爆発的にヒットさせました。乗馬をしやすいようにパンツスタイルを広めたのも、イミテーションジュエリーを流行らせたのもシャネル。

また、それはまでは喪服の色でしかなかった「黒」の美しさをファッションに定着もさせました。黒いシンプルなデザインの「リトルブラックドレス」は世界中の女性に愛されるものとなっています。

個性強い言動から、シャネルは発達障害者ではなかったかと言われることもあります。診断は精密なものなので安易にそうとは言えませんが、繊細で敏感な人にとって、ファッションの救世主であることは確かなことです。

歴史あるハイブランドであることから、華やかで高級なイメージが先行するのかもしれませんが、根底にある「女性を自由にしたい」、その心身を快適に守りたいというシャネルの思いが多くの女性を惹きつけているのかもしれません。

参考文献『私は私　超訳ココ・シャネル』(アース・スター　エンターテイメント)

働く＋ファッション

繊細でも敏感でも働きたい！
それでも働く！

発達障害の私が「働きたい」という気持ちをこんなに強く持つのは、そのハンディのために体調不良や人間関係の悩みも生まれやすく、そこを乗り越えて社会参加できたときの喜びがひとしおだからです。また、成果が見えやすい「仕事」という手段で、自分の価値を確かめたいという気持ちもあります。

繊細な人の心はいつも、人に迷惑をかけたくない、人の役に立ちたいという思いでいっぱいです。それを分かりやすく満たしてくれるのが「働くこと」です。「仕事のために役立つファッション」をテーマにしているのも、「仕事」というものを通じて、繊細で敏感な人が満たされていくということもお伝えしたいからなのです。

働くということについては、試行錯誤の連続でした。新卒採用から始まり、どこに勤めてもやがてクビになってしまう。でもそのおかげで様々な職場を経験することができました。日本的な企業、外資系企業、ベンチャー企業、介護の現場でエッセンシャルワーカーとして働いた経験もあります。そして、起業をして20年を超えましたが、その年月の8割は失敗の連続でした。もしもファッションのパワーをうまく活用できていたら、もっとうまくいったと思います。事実、最初に勤めた会社は、制服が原因で辞めているのですから。

最近ようやく、「できるようになった！」「うまくいくようになった！」と思うことが増えた、幸せな仕事ができる生活。その実現を助けてくれたファッションの力を思い一杯にお伝えしていきます。

シーン
5
ハードなデスクワーク

AS Question

私の仕事のなかで、圧倒的に多いのがデスクワークです。メールのやり取り、SNSへの投稿、プレゼンに使うスライド資料の作成、そして原稿の執筆など、1日の大半をパソコンに向かって過ごしています。そうしたなか、私の場合「過集中」という状態になることが時折あり、何かに没頭をすると、人の声などの音も耳に入らなくなり、トイレにさえも行かなくなる。そうして長時間高い集中力を保って取り組み、はっと気がつくと、大量の、またはクオリティの高い成果物が出来上がっていることがあるのです。

その成果をほめていただくことも多いのですが、いいことばかりではありません。体は人並みなので、「過集中」を起こしたあとは、心身がとても消耗します。子どもが小さかった頃に「過集中」を起こすと、ご飯も作らなくなってしまい、とてもかわいそうな思いをさせました。子どもが何をしていても気づかないので、危険もあったと思います。「過集中」のリスクをお伝えした上で、その様な状態も含めて、長時間没頭するデスクワークを、少しでも楽にするファッションの工夫はないでしょうか。

そしてこうしたデスクワークを優先に考えると、ファッションは楽なものを選びがちになります。会社など人目があるところや、とっさにオンラインで人とつながるときに、見た目が残念な様子になることを予防する手段はありますか？

NAGATOMO Advice

アズさんの集中ぶりは、私も何度か目撃したことがあります。すごい！と感心する一方で、確かにその後はとてもお疲れのご様子でした。特に腕や肩には負担がかかるようです。Tシャツ指向はその表れかもしれませんね。ハードなデスクワークといえば、人気作家や人気漫画家の、髪を振り乱して殺気を感じるような締切り直前の姿が思い浮かびます。ノーメイクにジャージなど、売れっ子ほど構っていられない状況になるようです。

リモートワークでパソコンに向かう頻度がいっそう増えて、肩が凝る、目が疲れるなどハードに感じる今日この頃です。癒しにもなるファッションの必要性を感じます。

まずご提案したいのは「ホームオフィスウェア」の充実です。ハードなデスクワークであればあるほど、心身に対して快適なものを選ぶべきです。

① 動きを制限されないトップス
やはりTシャツが、脇から腕の可動域が広くスムーズに動けて体に負担なく仕事に集中することができます。

② 在宅作業にふさわしい上質さ
誰にも見られていないからプチプラで、と安直に選ばないで下さい。自宅で作業する時の上質さとは、肌に柔らかくて長時間着て負担がない、余計な重みを感じさせない、通気性がよくて涼しく暖かい。体が動きやすいカッティングやつくりであることなどです。そういうものは、ルームウェアの一種であっても厳選する価値があるでしょう。

もしも上質なホームオフィスウェアを身につけることで、マッサージに行く回数が一度減らせるとしたらどうでしょう？　体調を崩してはその度に買う薬代や医療費が少しでも軽くなるとしたら？　それ以上に、パフォーマンスが上がることで、もっと収入が上がるとしたらどうでしょう？コスパを気にするあまり、上質なものに目がいかないのは残念なことです。今後の自身への投資と考え、目先だけでなく先を見越して服選びをすれば、ファッションに対する価値観も変わってくるかもしれません。

Tシャツはリモートで人に接する時も便利ですが、油断しすぎるとふとした画面で「リラックスしすぎ？」と見える恐れがあります。

図らずもアズさんが実行していらした、Tシャツ＋薄手のダウンベストやジレは、ご名答です。上半身に縦のラインが現れ、ジャケットの襟のかわりの役割をしてくれます。リラックス感がありながらもきちんと見せる印象コントロールが可能です。素肌には明確な境界線がありません。そこに「縦線」ができることで「意識的に服を着ています」という良い意味での「加工の跡」が生まれるのです。

Tシャツ＋ジレ↓P181　ITEM 6 7

男性ならVネックセーターをお勧めしていますが、女性の場合は前開きで、ノーボタン、ノーカラーのカーディガンも、エレガントに見えておすすめです。こうしたものをとっさにはおれるようにしておいてはいかがでしょうか。見た目への自信がモチベーションにつながります。上質なルームウェアで心地よく、さらに人が見ても素敵に見える工夫で仕事の質をあげていくことができるのです。

シーン6 体力仕事のときにも

—— AS Question ——

肉体労働というイメージではない職種でも、体力仕事をこなすことはよくあります。営業職だった頃はとにかくよく歩きました。それをパンプスで行っていたのですから、今思うとかなり無理があったと思います。帰りの電車の中で痛くてたまらず、よく車内で靴を脱いで足を休ませていました。起業してからは、ネットショップを開いて雑貨の通信販売を始めたので、商品を運んだり梱包をしたり、段ボールをたくさん運ぶのでかなりの肉体労働だと思っています。

実は私はまんざらそれが嫌いではなく、「働いている」と一番充実感を感じるのが「体力仕事」ですが、それで体調不良が起こりがちでもあります。過去には私も動けないほど疲れたり、寝込んだり、ひどいときには引きこもりや寝たきりに近い状態になってしまった時代もあったので、体を動かして働けている時、自分が健康になれたこと、そして働くことが出来る様になったことをとてもうれしく感じます。

この体力仕事をこなすときに、申し訳ないことに足手まといに感じてしまうのがファッションでした。

どうして仕事用の靴はこんなに痛くて歩きにくいものなのだろう？　どうして仕事用の服はこんなにきつくて動きにくいのだろう？　汚れたり、シワになったり、一生懸命働くと服が傷む。クリーニングに出すのも時間と手間が必要だし、それを気にしながらでは、全然思いっきり働けない。繊細で敏感な人はこうしたちょっとした違和感が人より強く気になり、仕事のブレーキになってしまうことも多いのではないかと思います。

そんなある日、渋谷でファッションのリサーチをしていると、「スーツか。作業着か。」という看板が目に飛び込んできました。水道工事の会社が立ち上げたアパレルブランドだそうで、機能的には体力仕事をこなす作業着であるにもかかわらず、素敵なスーツにしか見えないデザイン、試着したところ、抜群の着心地で虜になってしまったのです。

着ていて楽な仕事服が見つかってうれしかっただけではなく、きちんとした服を着ても、何の支障もなく、これで思いっきり働けると思ったのです。こういうスーツがスタンダードになってはいかないでしょうか?

NAGATOMO Advice

お気持ちすごくよくわかります! スタイリストも体力仕事が多いので。必要な服を探して駆け回ることはよくありますし、衣装を抱えてリースやスタジオへの移動の連続。なおかつスタイリストとして自分のファッションにも気を遣います。それは自分自身がプレゼンテーションだから。体を使って働く方を応援するファッション、必要ですよね！

動きやすい服と言えば、これまでは機能面でスポーツウエアから探すのが一般的でしたが、最近ではアズさんが注目をされたような、ハードな仕事に耐えてくれる耐久性のあるウエアなどがと開発されており、見た目も整えながら、活動的に過ごすことが可能になってきています。Tシャツやスニーカーをビジネスシーンで使うことが抵抗なくなってくるなど、価値観も変化しています。女性に対して職場でヒールやパンプスを強制することに意義を唱える運動も起こりました。アズさんと同じ思いだった人が多いという証ですね。

体を動かすことが見込まれる日は、そうしたファッションソリューションを積極的に活用すると、服が邪魔して仕事がしづらい、ということが減ります。ストレッチ素材などによる伸縮性、撥水などの汚れにくい素材や加工、自宅で洗えるウォッシャブル、アイロン不要、そして速乾性などをうたっている商品を探すと見つけやすいと思います。ショップスタッフに聞いてもよいですね。デザイン性も重視しながら自分の仕事に合ったものを探してください。

アズさんが注目された、作業着に見えない作業着スーツは、WORK WEAR SUIT（WWS）というブランドですね。私も実際に試してみましたが、Ultimex（アルティメックス）というオリジナル素材はしなやかで心地よく、水や汚れに強く、そしてデザインもシンプルでスタイリッシュです。長いスタイリスト人生の中でも印象に残る素晴らしい商品でした。レディースのラインナップも充実しており、コーディネート次第で、きちんとしたビジネス小物使いなどでより洗練された印象にすることも可能です。

WWSは、働く人々の気持ちも見事に摑んで企業の制服として数多く採用されているそうです。アパレルが不況だと言われるなかで、私と同じ思いを持つアパレルメーカーが躍進していること、そしてそれに賛同をする企業もまた増えていることをとてもうれしく思います。

また、メンズアイテムになりますが、ジャケット＋Tシャツスタイル＝「ジャケT」スタイルを前提に開発された、ナノ・ユニバースのTシャツは、ジャケットのインナーとして使う際に、最も汚れやすい後ろ襟首からジャケットが傷まないように、後襟部分が高くなっています。

こうしたアイデアや時流を読む企業努力が、アパレルの成長を促進し、必要不可欠であると感じずにはいられません。

WWSスーツ→P196　ITEM 29
ナノ・ユニバース　Tシャツ→P178

シーン 7　オンライン画面の中での工夫

AS Question

オンラインで人とつながれることは、地理的な垣根がないのでとても便利なのですが、私の場合、講演や研修業では、お客様に実際に会い丁寧にコミュニケーションを取ることで仕事の質を保ってきました。人と直接会う中での空気感が仕事に不可欠だったのに、急にオンラインに移行したためにそれができなくなって、自信が揺らいでしまったのです。

小さなオンラインの画面の中で、どうやって自分の思いを伝えたらよいだろうと試行錯誤を繰り返していたときに、何かの機会に、オンラインで繋がっていた方と、街中で会ったことがありました。「こんなに背が高い人だと思わなかった」と言われてなるほどと思いました。もしかしたら長身であることは、説得力を高めるために役に立っていたのかもしれません。それが画面の中では全く伝わっていなかったので驚いてしまったのです。

そして、一度にオンラインでつながる人が増えれば増えるほど、画面の中でたくさんの人の顔が映り、私の顔が埋もれていきます。機械の設定でも解決できることですが、どんな設定でも私が伝え手だということがわかる様にしたいとも思いました。

繊細さんに限りませんが、「雰囲気」を敏感に察知し仕事に生かすことが得意な人も多いと思います。また、職種として営業職や接客業の方がそうなのではないかと思うのですが、人と会って雰囲気を共有するということが仕事の中で大切だった方が、オンライン画面の中で、それに近い存在感や実在感をファッションで強化することはできるのでしょうか。

NAGATOMO Advice

リモートワークが一気に広がり、アズさんと同じ悩みを持つ多くの方からご相談をいただくようになりました。「リアルでなければ伝わらないものもある」というのが私の結論です。ファッションは、ダイエットや美容整形とは違って、ご本人の肉体を時間やパワーを投じて大きく変える必要なく、着ることで多様なイメージを人に伝えられる、その即効性が強みです。

でも、オンラインの画面上では、ファッションだけで、繊細な雰囲気の全てを伝えられるかといえば、それは不可能に近いと言わざるを得ません。ファッションを整えることで、ある程度印象を良くし、画面の中で存在感を示すことは可能ですが、やはりリアルにはかなわないのです。

とはいえ、工夫はできます。伝えたい印象に合った服を心に描いてください。アズさんでしたら、講座や講演などをオンラインでされるときに、説得力を出したい時は、カジュアルすぎず、きちんとした印象を与えるジャケット。長身でかっこいい印象を強めたいのであれば、ややモード感のある服を選んでもよいかもしれません。

そして自分に注目が必要な時の工夫として「色」が使えます。ベーシックなファッションでも、一箇所目立つ色を使うと、画面の中で見つけられやすくなります。アイキャッチという方法ですが、背景などに色を配置しても大丈夫です。オンライン特有の配慮としては、黒やネイビーなどの彩度の低い色は、小さな画面の中で重く映りがちなので、避けましょう。白も肌が沈んで見えるのでお勧めしません。明るめの色のほうがはつらつとして見えます。リングライトなど、光の条件をよくするツールもあったらいいですね。

余談ですが、そもそもがさつな人が繊細なコミュニケーションをとることは難しく、カリスマ性もオーラも一切ない人が、それをファッションで発揮したいと言われても無理なお話です。もともと備わるパワーを、引き出すためにファッションは存在するのです。リアルでもオンラインでもそれは同じなのです。

シーン8 たくさんの人に見られるときは

AS Question

たくさんの人に応援をしていただき、そしてチャンスをつかむこともでき、出版や講演会、そしてテレビ出演などの大きな舞台に立つことができました。人前に立つことは得意ではありませんが、しっかりと自分の立場を理解し、役目を果たしていきたいと思います。

こうした機会をいただいて初めて感じた不安が、日常生活ではあり得ないくらい「たくさんの人に見られる」ということです。一番ダイレクトにそのことを感じるのが講演会です。講演会はとても参加人数が多く、数百人から一千人を超えることもあります。発達障害がテーマになる場合は、小さなお子様から高齢の方まで年齢層も様々。私と同じハンディを持っている方もいれば、支えるご家族、学校や医療関係など地域社会の専門家たち、医師や研究者など、実に様々な方達が目の前にいて話を聞いてくれるのです。

話し方については、小さなお子さんでもわかるように話をすることで、全員がわかるということで安心をして講演をすることができるようになりました。ファッションについては、「万人受け?」と思いながら「無難」なスーツを選んでいます。

そしてテレビについては、ゴールデンタイムのバラエティ番組に出演したときなど一体何人が見ているか、どんな人が見ているか全くわかりません。ただひとつ、反響の大きさから本当にたくさんのそして色々な方が見ていてくれたのだろうと思いました。ファッションについては、こちらでも本当にただ「無難なもの」としか判断できませんでした。

このように、自分から把握することができない、たくさんの相手に見られるときのファッションにはどのような気遣いをすればよいのでしょうか。

NAGATOMO Advice

人前に立つ人は、どんなに回数をこなしても慣れるということはないようです。ときには体調不良や、緊張感があっても、そうは見せずに彼らは表舞台に立ち続けています。素晴らしい仕事をし、人を気遣いながら、たくさんのパワーを発しています。多くの人に見られる不安をファッションのパワーを借りて解決しましょう。

アズさんが現在講演会で求められている分野は、広い意味で教育関係ですので、先にお話ししたクリエイティブな雰囲気だけでなく、真面目さや誠実さを表す、正統な雰囲気が必要です。若作りは必要なく、無難からもうワンステップ上って、自分自身が憧れる人だったら何を着るだろうと想像してみるのもいいことです。

そして、もうひとつ。テレビのように万人に見られるときの心の支え方としては、明確な「自分のスタイル」を持つことが必要です。

大勢の前に立った時、すべての人に好感を持たれるのは不可能なことです。人は無責任に好きなことを言うものです。中にはネガティブなことを言う人もいることでしょう。エゴサーチでへこむこともあるでしょう。でも、誰がなんと言おうと左右されない自分のキャラクターを持つことが必要です。その自信を持っていただくためにも、上質なファッションを身につけてください。「本物である」という自信と誇りは何よりも心を守ります。人に希望を与えるお立場ですから、憧れられるようなパワーをぜひ存分に発揮してください。カリスマ性やオーラを、筆力や話術とともに、ぜひファッションでも表現していただければ、私の役目としてはとてもうれしく思います。

こうした舞台はアズさんだけではなく、全ての方にチャンスがめぐってきます。その時になって慌てないように、しっかりご準備ください。明るい未来を信じられるということも、お仕事がうまくいくために必要なマインドです。

Recommended Items
by
Nagatomo & As

長友&アズの
おすすめITEMリスト

本書に登場するおすすめアイテムや、
アズ直子とスタイリスト・長友妙子が
実際に使ってよかった私物をご紹介いたします。
日々の快適な生活にお役立てください。

白Tシャツで楽にきちんと

1

Tシャツらしさと、最高にしなやかな落ち感と肌ざわりを両立。Tシャツ￥27,500（Nagatomo for Salon le Chic/日本橋髙島屋）ジャケットは裏地がなく軽量。￥17.600（WWS／オアシススタイルウェア）iPhoneとアップルウォッチ（私物）

ナノ・ユニバースの、その名も「ジャケT」は後ろ襟が高く、スーツの汚れやIDカードのコードの刺激も防ぐ。（私物）

2

インドの手摘み綿花を和歌山で編みたてたスビンコットンは、ほどよい光沢と柔らかさが魅力。TシャツATON（私物） ジャケットはストレッチ、UVケア、撥水効果も。ノーカラージャケット（マイ フェイバリット ダンスキン／ゴールドウィン カスタマーサービスセンター）￥30.800

by Nagatomo & As

Tシャツインで、ここまでエグゼクティブな雰囲気に。はおってベルトをさらりと結ぶだけで決まる美シルエット。講演やスピーチ、立食パーティなど立って過ごす場に映える。細身のパンツと好相性。ジャケット￥48,400（M・fil／MIKAKO NAKAMURA 南青山サロン）パンツ ファビアナ フィリッピ（私物）チェーンウォレットとパンプス シャネル（私物）

理想の仕事白Tシャツ

3

ONとOFFでTシャツを作り分けている「THE」

唯一無二のものばかりを集めたショップ「THE」には、ONとOFF2種類のTシャツが。ONは襟幅が細めでジャケットインにちょうどよいシェイプ。OFFは透けにくく、無漂白で丸胴仕上げなので、脇の縫い目によるごろつきがない。(私物)

5

4

ビジネス向きの上質Tシャツは、シンプルな無地で、襟まわりの仕上げが細めで丁寧であること、適度なツヤ感がある素材がおすすめ。
右/TシャツATON(私物)
左/Tシャツ¥27.500
(Nagatomo for Salon le Chic/日本橋高島屋)

―― by Nagatomo & As ――

Tシャツ＋ジレで オンラインでもきれい

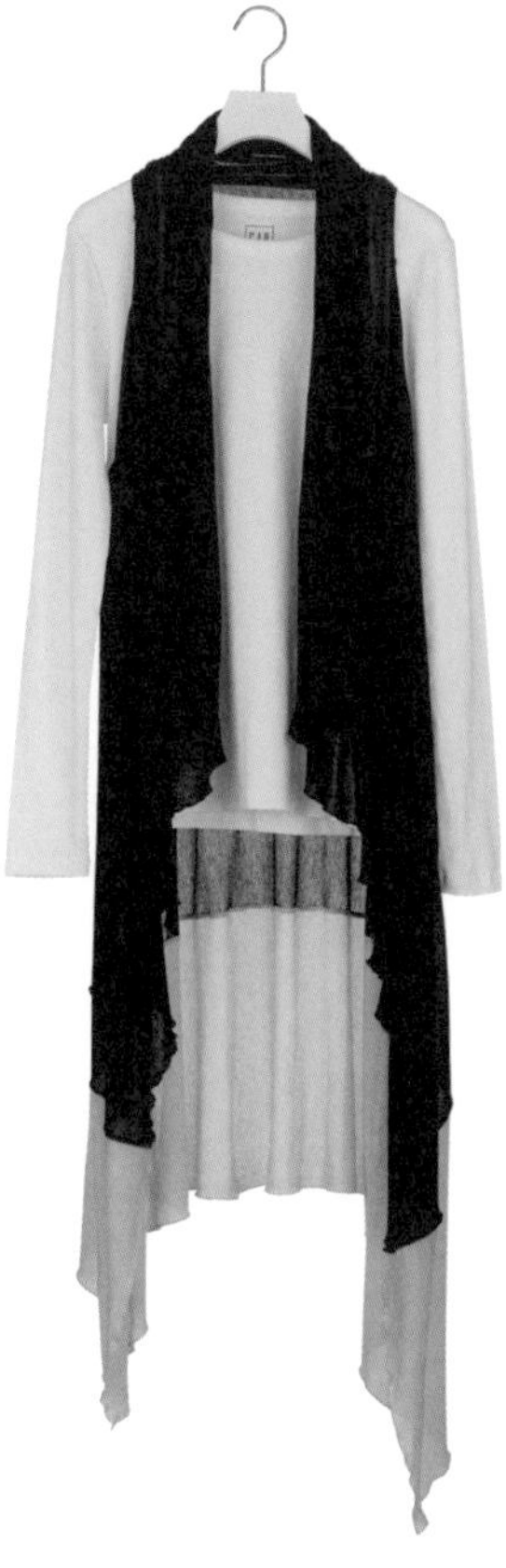

6

縦長ラインを作り着やせ効果も。テンセル80%×カシミア10% シルク10%で軽い着心地。ダークネイビー×グレーのジレ￥20.900（CROCE CROSS／CC Salone ショールーム）長袖TシャツGAP（私物）

7

リモート会議のために着替えるのはちょっと……という時お洒落ジレが強い味方。秋冬なら長袖T×カシミアジレが可愛く暖かく動きやすい。Tシャツ 無印良品（私物）ジレカシミア100% ALLUDE（私物）

デザインブラウスは少し改まった場でラクに過ごせる

8

わずかにAラインで、インにしてもパンツと一緒にアウトで着ても。ブラウス トルファンコットトコットン　53%ポリエステル40%　￥49,500　Nagatomo for Salon le Chic／日本橋高島屋

9

身頃がコットンで快適に過ごせるトップス。袖はほどよく透け感のあるコットンシルク。￥49.500 Nagatomo for Salon le Chic／日本橋高島屋

10

食事をしない場ならば、ボウタイ付きブラウスは上品な華やかさが出せる便利なアイテム。ZARA（私物）

11

構築的で辛口の白トップスは、顔を引き締めて見せ、袖を通すだけで美しいシルエットが生まれる。身体につきすぎず、風通しもよい。FONCE（私物）

お仕事スカートならこの2型がヘビロテ候補

12

タイトスカートを選ぶ時は、ウエストが少々ゆるくても腰回りが合っていることのほうが大切。レ コパン（私物）

13

足さばきがよいセミフレアのスカートは、スタンダードとして一着は持っていたい。スカート（左ページのセットアップと同じ）¥52.800（Nagatomo for Salon le Chic／日本橋髙島屋）

セットアップは心身ともにストレスフリーの味方

by Nagatomo & As

14

ワンピースのようにも、別々にも着られる。繊維が長くしなやかな肌ざわりを約束するトルファンコットン53% ポリエステル40%で取り扱いもしやすい。トップス￥49.500 スカート￥52.800(Nagatomo for Salon le Chic／日本橋高島屋）ブローチ（私物）

15

動きやすく、小物次第で華やかな場にも。働く女性の色々な場面を助けてくれそうなネイビーのセットアップ。トリアセテート64% ポリエステル36%トップス￥33.000　パンツ￥27.500　M・fil／MIKAKO NAKAMURA 南青山サロン）

着心地とシルエットが両立するワンピース

16

ビジネスの場にふさわしいシンプルで上質なワンピースは、日頃からアンテナを張って探しておきたい。ワンピース ¥77.000（Nagatomo for Salon le Chic／日本橋高島屋）

軽量パールなら着けていることを忘れられる

── by Nagatomo & As ──

17

著者が初めて「ずっと着けていられた」軽量パールネックレスはこのタイプのもの。左／ホローパール　中央／淡水パール 右／コットンパール 左と右は代官山ジュエリーオオムラ、中央はモミ パリ（すべて私物）

上質な「一着」は着るだけであなたの名刺代わりに

Recommended Items

18

言葉より、レストランのクロークで手渡す一着のコートが信頼につながる場合もある。MaxMaraのコートは落ち着きや敬意を表すのにふさわしい。キャメル素材のコート ￥310.200（Max Mara／マックスマーラ ジャパン）

19

シャネルスーツは、服が数年の寿命であるなか、何十年も生命を保ち続ける「パワー」を持つ。コンフォートに重心を置いた服ではないが、シルクでバイアスにとられた裏地など、着心地への視線は唯一無二のもの（私物）。

会食の場では着こなしも臨機応変に

Recommended Items

20

仕事の会食は気を配るべきことが多く、ノーストレスで端正な服が必要。身体に優しく美しいラインのワンピースが強い味方。状況次第でベルトをONOFFしても。共布ベルト付き（ここでは別の革ベルトを使用）ともに¥85,800（Nagatomo for Salon le Chic／日本橋高島屋）

身体に直接つかない小物で華やかさの足し算

—— by Nagatomo & As ——

21

レセプション、会食でもジュエリーが体質的に無理な場合、トートバッグに小さめで華のある小バッグを入れておき、華やかな場では小さいバッグのみで行動するとスマート。（ともに私物）

長いフライトから仕事に直行する時

22

ダンサーに人気のブランドの街着。定番のストレッチ素材を使用したスプリングコートは軽量でコンパクトになり、シワもいい味。ストレッチ、UVケア、撥水加工あり。収納用ポーチ付き。コート￥19.800（マイ フェイバリット ダンスキン／ゴールドウィン カスタマーサービスセンター）

乗り物の中はビッグシルエットのはおりものが大活躍。

薄いピンクグレーのニットカーディガン￥49,500（ALLUDE／三喜商事）Tシャツ￥14,300（CROCE CROSS／CC Salone ショールーム）ジャージー素材のベルト付きワイドパンツ S Max Mara（私物）
ローファー￥53,900（ホーマーズ／CC Salone ショールーム）ショルダーバッグ A.D.M.J（私物）キャリーケース FPM-Milano（私物）

到着後にそのまま仕事に向かうならば

落ち感のいいシャツに機内でさっとチェンジして、きれいなフラットパンプスに履き替えれば､無理なく仕事モードに切り替えられる。
プリントシャツ　シルク100％　張りのあるシルクでしわになりにくい。￥121,000（レ・コパン／サン・フレール）Tシャツとパンツは上ページと同じ。
ローヒールパンプス ロジェ ヴィヴィエ（私物）ベルト、小物すべて私物

楽で「人に会える」靴

Recommended Items

23

24

25

履き心地がいいのにビジネスで気後れしない優秀な靴たち。上／ローファーは、知性や信頼のイメージ。固さ、足入れなどを必ず確かめて。トッズ（私物）中／ビジネスの場でスニーカーを履くなら、素材はレザー、白でシンプルなローカットがおすすめ。ナイキ（私物）下／ホーマーズはスペイン生まれのブランド。「これを履くと他が履けなくなる」という声も。ウィングチップシューズ（シルバー）￥60,500（ホーマーズ／CC Salone ショールーム）

休息服の
クオリティを
見直す

by Nagatomo & As

26

GAPの隠れた大人気商品がLOVEシリーズ。肌に優しくさりげなくフェミニン。トップス　レーヨン89%ポリウレタン11%　レギンス　モダール93%（私物）

27

VENEXのリカバリーウェアは、プラチナなどの鉱物を繊維に練り込んで作られる国産の新素材PHTを採用。包み込まれるような癒しの休息時間を。トップス¥11.000　ジョガーパンツ¥13.200（VENEX／ベネクスカスタマーセンター）

28

英国のサスティナブルな有機農場の創設者、キャロル・バンフォードのホリスティックな視点はウェアにも。美しいフォルムも人気。トップス¥23,100（bamford／三喜商事）

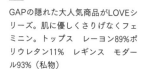

本当にスーツで一日中過ごせた！

29

著者も「途中で脱ぎたくならない」ことに驚いたWWSのスーツ。アルティメックスというタフでなめらかな究極の新素材を使用。ジャケット￥17,600パンツ￥13,200（WWS／オアシススタイルウェア）長袖Tシャツ　ナノ・ユニバース（私物）

インナーの選択
思い込みは捨てて

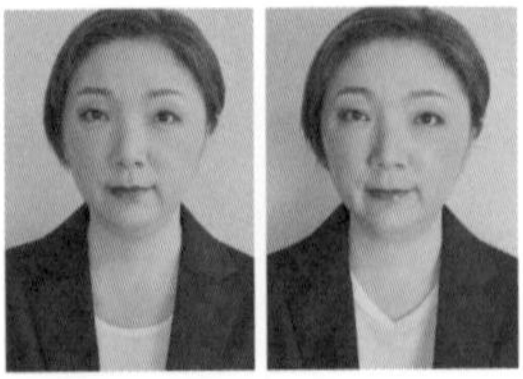

一般的にはVネックがスッキリ見えると言われますが、著者の場合実際に着てみるとラウンドネックに軍配。試着は大事。

Recommended Items

イージーメンテナンスも本格的に

上のWWSの商品は、基本すべて水洗いが可能。なんと、「洗えるトレンチコート」（￥26,400）という商品も。ノベルティのネットで洗濯機へ……。

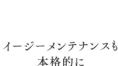

by Nagatomo & As

「WWSのワークウェアスーツは、想像以上にストレスが少なく、『脱ぎたい！』という私にとってはおなじみの衝動が起きていません」（アズ）

地味だけれど優秀！繊細な人に教えたい

31

首回りの刺激を嫌うあまり、結果的に胸を開けすぎる繊細さんも。ユニクロのエアリズムのキャミソールを前後反対に着ると、胸元がきちっとしやすい。長友流の裏技。

32

敏感な人にも比較的評判が良かったストッキング。左／アツギの「ASHIRAI」きめ細かでなめらか。右／シルク混ショートストッキンググンゼの「ICHIRYO」(一綾)。

30

2人の著者が出会うきっかけにもなった、キュロットペチコート。敏感な人には下着さえも煩わしさの原因になりうるが、外からの刺激のバリアにも。これはワコールの定番商品。

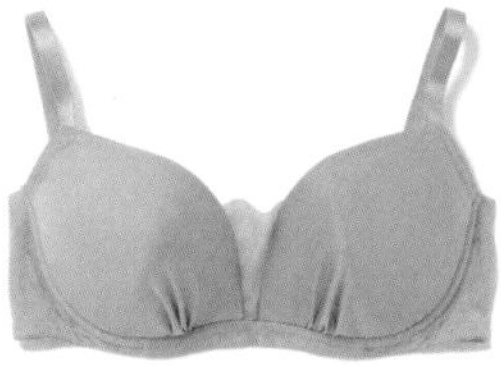

33

Tシャツを着る際に気になるのが胸元。仕事の場ではすっきり、コンパクトに見せ、かつシンプルなブラを選びたい。写真はワコールSTUDIO FIVEのもの（2021年春夏で終了）。

34

オーガニックスーピマコットンとヤクの毛で作った、大人のルーズソックス。暖かく、リブ部分はゆったりしてゴムなし。締めつけ感がない。天衣無縫（私物）

35

「THE洗濯洗剤」は、環境負荷が低いのに、香りのよさでも落ちの確実さでも定評が。少量で洗えて、柔軟剤の効果もあるので、結果、肌にも刺激が少ない。右は漂白剤。

36

こだわりの再生ポリエステルから生まれたサスティナブルアイテムの自信作。カーディガン¥35,200ノースリーブトップ¥19,800（Nagatomo for Salon le Chic／日本橋髙島屋）

「織細さんのワードローブとサスティナブルへの想い」

織細さんにとって、衣服の肌ざわりは大きなポイントです。オーガニックコットンやピュアカシミアなど心地良いものだけ着ていたい。日々多くの服に接してきたスタイリストとしての立場でも、それが理想です。

背中のタグがあたるのがいや、チクチク痒い生地も嫌い、そんな過敏な私が、目から鱗の再生生地に出会ったのです。

今や、衣服の廃棄問題は深刻です。アパレル産業の大きな課題となっているSDGs、そしてサスティナブルなファッション実現への取組みですが、今までのリサイクル素材で再生された生地は目が粗くゴワゴワしているという先入観で、個人的にも全く興味も湧きませんでした。

ところが昨年、半永久的にリサイクル可能な質の高い再生生地で、服のデザイン企画をして欲しいというオファーを頂き、なかば半信半疑でその素材を見ることとなり、そして触ってみたら驚愕しました！　これが本当にリサイクル生地なのかと。

これまでの企業コラボレーションで、とことん上質な素材にこだわった服作りをしていたからこそ、素晴らしい機会をもらえたと思えました。

時代が確実に進んでいることを痛感すると同時に、感覚過敏を自認する方も、この生地なら直接肌に触れるトップスでも着られると確信したのです。

ファッション業界に身を置くものとして、大量生産しては、売れ残ると廃棄処分する、はたまた、消費者も無駄に買いすぎて袖を通さないまま旬を過ぎて処分するなど、ファッションの宿命として仕方ないと思う一方で、いつもどこかで罪悪感に苛まれていました。

廃棄衣料から生地を再生し、服を作り、その服を何年後かに着終わったら、また資源として再生させる循環型のサーキュラーエコノミーの半永久的システムであれば、その罪悪感から解放されると思いませんか？

衣料廃棄問題は現実として実感がないと思われる方もいらっしゃるかもしれませんが、食糧問題と同じで数年後には確実に直面する環境問題なのです。環境に優しい素材はどんどん上質になって日々進化していることを、頭のどこかに置いておいてください。

Nagatomo Column

天然素材と再生生地の服で、同じような肌触りだとしたら、私は迷わず再生生地の服を選びます。もうその時代はそこまで来ています。まだまだこれからの市場ですが、近い将来、世の中のほとんどの服が再生生地で占められる時代が来るかもしれません。きっと持続可能で素敵な服に出会えることと思います。繊細な感覚が備わった読者の皆さまだからこそ、上質なサスティナブル製品を選べるのではないでしょうか。それは素晴らしいことと思います。

第6章

ファッションを味方にして仕事がうまくいった！

ファッション弱者だった私が、プロフェッショナルの導きで、意識を変え、ファッションの基本を知り、そして自分の仕事シーンに合わせてたくさんの悩みを解決することができました。同時に、40年近くスタイリストとして第一線で活躍をする長友さんから、仕事をする女性としての教えやエールを受け取ることもできました。

ファッションに興味がないと言いながら、私は仕事で大きく成長を感じることができたあるタイミングに、思いきってシャネルのスーツを買ったことがあるのです。実はシャネルは発達障害だったのかもしれないと言われることがあります。シャネル自身が繊細な気質を感じさせる言葉を多く残しており、そんな女性がビジネスの成功者であることが心の支えになり、憧れと尊敬の思いから購入をしたのです。

「翼を持たずに生まれてきたのなら、翼を生やすために、どんな障害も乗り越えなさい。」

こちらもシャネルの言葉ですが、障害という言葉が入っているので、発達障害の講演会でよく紹介をしています。バランスを崩しそうになると、この言葉を実際に口に出して唱えることで、自分を保つことができるのです。ファッションについて私の翼は完全に折れていましたが、学びと実践で新しい翼を得たような気持ちになることができました。その後の取り組みと成果をご覧ください。

ウォーキングタイムも自信アップ

どんなところに行く時にもファストファッションのルームウェアだったところを、少し格上げしてシンプルコーデのタウンウェアに変えてみました。そして、日焼けなど健康面にも配慮して軽いメイクを必ずするようになりました。近所のクリーニング店では一足500円で靴を洗ってくれるサービスがとても便利で、運動用のスニーカーは交互にクリーニングに出して清潔に保つように心がけています。

実際にこうしてみると、驚くほど心が落ち着きました。ファッションに興味がないと言いつつ、見た目へのコンプレックスが強かったのだということを再認識したのです。そしてちょっとした持ち物への気遣いでそれがあっという間に解決するという解放感も味わうことができました。ファッションの魔法の体験です。

楽で運動もできるファッションなので、ウォーキングなどもそのまましています。ウォーキング途中に、ふと見つけたショップに入るときにも、ファッションへのプレッシャーがなくなり、自信をもってふるまえるようにもなりました。

デスクワークの疲労軽減

ハードなデスクワークをこなす自信はあったのですが、普段手首を温めることを心がけてみると明らかに疲労の回復が速くなりました。上質なものが軽くて温かいというのもそのとおりで、本当にマッサージに行く回数が減ったのです。「三首を温める」に始まり、食事や入浴にも気遣うことができるようになり、特に過集中を起こしたあとが本当に楽です！　1週間くらい調子が悪くなるところ、3日くらいで回復できるようになりました。

実際に楽になってはじめて、それまでの辛さが理解できることがあります。自分は大丈夫だと思っていても、感じている以上に体が痛んでいるかもしれません。そして体が楽になるともっといいアイデアが出たり、周りの人にも朗らかになれたりします。パフォーマンスが格段にあがるということが実感できました。

出張がとても楽に！

あれほど荷物の多さや、着替えの手間で悩んでいたのに、ビッグシルエットの実践で、その全てが解決してしまいました。

人混みを避けるために朝早い出発にしており、早起きしなければならないことも負担だったのですが、着替えが待っている緊張感などで、移動の乗り物内で眠れなかったところ、温かくて柔らかいロングカーディガンと着替えの場所を探さなくてよい安心感でなんと眠れるようになりました。新幹線でも飛行機でも、降り立つときには一眠りしたあと。元気に仕事をスタートできるようになって本当にうれしく思っています。

そして、出張の荷物もスーツを小さく畳めてしわにならないパッカブルに変えたので、ガーメントバッグが一つ減りました。小物できちんと感をアップする方法で、いかにも出張用のファッションという感じもせず、安心感を持って仕事をすることができています。

企業訪問もファッションのプレッシャーなし

取引先などにいくときには、服選びがよくわからず負担でした。重たく感じて毛嫌いしていたワンピースを、オーソドックスな意識が必要なときだけと割り切って着られるようになりました。ストッキングもかゆくないものが見つかったことが背中を押してくれました。

少し体は窮屈なのですが、きちんと出来ている自信と安心感で心が楽であることのほうが勝ります。プレッシャーに感じる「社長業」の苦手意識がひとつクリアできました。毎日というわけではないのでがんばります。私の態度が変わったからなのか、スタッフに「きちんとするのも社長の仕事!」と怒られることもなくなりうれしいです。

自分に合う場所がわかるようになった

毎日ひとつファッションに触れるという自分との約束を果たすために、たくさんの街とショップを巡り、色々なことを感じることができました。

人と場所には確かに相性があります。たとえば渋谷は全体的に年齢層が私より低く、若いエネルギーに溢れています。賑やかでスピーディー。置かれているファッションも若めなので、そこにアラフィフの私が行くと、簡単な言葉で言うと「場違い」な緊張感が生まれるのです。もちろんそんな私にも合うショップもありますが、かなり少数なのでなかなかリラックスできませんでした。その点、銀座は歌舞伎座などもある大人の街なので、私と同年代それより上の人も多く、始めから安心感を持つことができました。その分、大人の女性としての振る舞いを暗黙のうちに求められている緊張感が生まれるのですが、そんなときにはシャネルのチェーンウォレットを持つことで、自信を持つことができました。

ショップ一軒一軒にも、どんな年代で目的の人のためのファッションを手がけているのかというターゲット設定があります。自分の属性に合ったところが見つかると、場違いな感じが生まれず居心地がよい。歓迎してもらえますし、サポートもスムーズです。あらかじめインターネットなどでそのブランドの紹介を見てみると、大抵ターゲットについても書かれているのでとても参考になります。

ショップスタッフとのコミュニケーションに成功

自分にとって居心地のよい街の、ターゲット設定が合っているショップで、「私はこういうものを探している」、または「今日はまずはどんなものがあるか見たくてきています」としっかりオーダーを出すことができるとショップスタッフとのコミュニケーションがうまくいくようになりました。

それ以前に、カタカナ言葉ばかり使う、気取っている怖い人たちという先入観を捨てたことで、ぐっと話しやすくなった気がします。

ひとつ発見があったのですが、ショップスタッフはファッションの世界で生きており、気取っているからではなくて、勉強熱心なので専門用語で話しがちだということがわかりました。こちらからファッション用語で話しかけると理解が速くすぐに言いたいことをわかってくれますし、うれしそうにしてくれます。「着ていて楽な仕事着」と言っても、一瞬ポカンとされるのですが、「コンフォータブルなビジネスウェア」と言った方が反応も動きも早い。「丸洗いできる出張用の上着」と言ってもポカンですが、「ウォッシャブルでパッカブルなジャケット」と言えばサクサク動いて下さいます。冗談のような本当の話。彼らは店員さんではなくショップスタッフなのです。

たくさん助けていただいて、自分に合うファッションを手に入れることができるようになってきたのも、多くのショップスタッフの皆さんのおかげです。怖れが感謝に変わったことが、繊細で敏感な自分にとっては、一番うれしかったことでした。

整理収納までできるように！

丁寧に、時間や手間をかけて探し当てた服を、気づけば大事に扱うようになっていました。この機会に持っている服を厳選し、自分に合わないものを処分したのですが、それは「ミニマリスト」を目指したというよりは、本当に納得のいく大切にしたいものだけを残したら、自然にシンプルなクローゼットになったのです。

ミニマムリストをつくってみよう

私にはかたづけが苦手な特質もあり、服の整理も長年の悩みとなっていました。たまに着心地よく感じる服を見つけると、売り切れる不安から同じものを大量に買い込んでいたり、仕事の必要に駆られて咄嗟に買った服が、高かったので捨てられず箪笥の肥やしになっていたりして、かたづけきれないという状態になっていたのです。

ファッションについて、各シーンと必要なアイテムもよくわかりました。自分の力で着心地がよいものを選ぶ自信がつき、大量に買い込む必要もなくなりました。最低限あるとよい服をこんなふうに見定めて、クローゼットがすっきり整理できたのです。そしてこれからの自分へのご褒美の計画も立てることができました。目標ができると仕事のモチベーションも上がります。

はじめから全部揃えようとせず、自分に合うものを丁寧に探すとよいと思います。なおナイトウェア・リラックス用ルームウェア、インナー、冠婚葬祭用などのフォーマルは含まれません。これは私のライフスタイルに合わせたものですが、ミニマムリストをつくる参考にしてください。

捨てたもの

・講演会のたびに買ったスーツ。全て重くてきつい。色が派手。
・高かったニットのワンピース。かゆくてきつい。

・色違いで何着も持っていたパーカー。水色、黄色、オレンジ。
・腕がぴったりとした長袖Tシャツ
・襟ぐりが開きすぎているTシャツ
・運動にも仕事に使えないカジュアルなスニーカー

アズリスト

服

・ホワイトTシャツ　仕事用　2枚　ルームウェア　3枚
・ホワイト長袖Tシャツ　仕事用　2枚　ルームウェア　3枚
・ユニクロダウンベスト　デスクワーク用　1点
・柔らかいワイドパンツ　ルームウェアと仕事着両用　春夏1点　秋冬1点
・ビックシルエット　仕事用1点　リラックス用1点
・スーツ（ジャケットとパンツ）　1組　寒暖はインナーで調整
・セットアップ（ジャケットとパンツ）　1組　寒暖はインナーで調整

・ワンピース　仕事用　春夏1点　秋冬1点
・コート　仕事用　1点　寒暖はインナーで調整
・ユニクロダウンジャケット　普段用　1点
・シャネルスーツとデザインブラウス（講演会用）

靴
・スニーカー　仕事用レザー1点　運動用2点
・ローファー1点
・パンプス1点（講演会用）

小物
・ベルト　ウエストマーク用細ベルト1点
・バッグ　シャネル（仕事用）1点　ルイヴィトン（普段用）1点
・チェーンウォレット　シャネル1点
・アップルウォッチ for エルメス　1点

・ネックレス　コットンパール1点

自分へのご褒美　何か仕事の目標を達成したらジュエリーを買う。リング。

基本はハンガー収納

収納は基本的にハンガーです。クリーニングや洗濯のあと、干してそのまま片付けられます。スーツやセットアップなどは、実際に合わせて着るものをセットしてかけておきます。小物も紐付きの袋に入れて、ハンガーの首に一緒にかけておけば、収納がハンガーだけで済み、あちこち探す手間もありません。持っている服がミニマムであれば、衣替えも必要なく、ひとつのクローゼットで全ての服が見渡せます。

スタンバイしておくもの、しまっておくもの

普段よく使うものは、クローゼット中でも取りやすいところにしまい、オフシーズンのものや、講演会用の服など着る機会が限られているものは奥や手が届きにくい高いところなどにしまっています。バッグも普段使いのものはすぐに取れるところにかけておき、財布や交通カードなどもそこに入れておくようにします。ミニマム主義でバッグを毎日替えていないからできることです。いくつかのバッグをローテーションで使っている人は、バッグインバッグが便利です。

お出かけアイテムとその置き場

発達障害者風の工夫ですが、忘れ物防止のために一番よい収納場所は玄関です。毎日使うバッグもそうですが、スマフォや鍵など、忘れてはならないものが玄関近くにあると、忘れてもすぐに取れて便利です。同様に、ファッション関係の小物も、玄関で身につけて出かけることにしておけば、チェンジもすぐにできて楽になります。最近では「見せる収納」として、アクセサリーをかけておくホルダーや、中身が見える半透明の小物入れなどがバリエーション豊富でしかもコスパも抜群。私は無印良品をよく便利に使っています。

エピローグ　究極のファッションとは？

アズ直子からのメッセージ

長友さん！ファッションのことを何も知らない私に、たくさんのことを教えてくださって本当にありがとうございました。

一瞬で楽になるプロフェッショナルの魔法に驚いたあの日から、ひとつひとつわかりやすく教えていただき、こんなに学んだ充実感を久しぶりに持つことができました。写真を遺影にするくらいの意気込みで、私なりに「究極のファッション」を考えてみました。卒業課題と思ってご覧いただけたらうれしいです。

シルバーヘア

自分が何者であるか、自分の仕事がきちんと伝わるようにということを考えて、自分が仕事の中で何に一番時間を使っているか考えてみました。そうすると、圧倒的に触れているものは、Appleのパソコンになります。SNSでたくさんの仲間とつながれたのも、本を書くことで思いを伝えられるようになったのも、パソコンがあったから実現できたことです。私の仕事の相棒であるAppleコンピューターの色を目指して、実は髪の色を変えました。敏感体質なのに大丈夫？ と思われたかもしれませんが、どうしてもやってみたかったのでチャレンジしました。気合が通じたのか、トラブルもなく希望の色に落ち着きました。

WWSのスーツと、Tシャツ

たくさんのショップを巡り、そしてたくさんの服に触れましたが、「こんなに着心地がよくて動きやすい服があるのだ！」という感動を与えてくれた、WWSのスーツと、インナーにはお気に入りのTシャツを選びました。体調不良を乗り越えて、体を動かして働けることが喜びです。思いっきり動けるスーツがやはり私のナンバーワンになりました。機能性が高いだけではなく、ファッショナブルでかっこいいのも長友さんのお墨付きです。見た目へのコンプレックスも長くかかえていたので本当にうれしいです。

アップルウォッチ

またまたAppleですが、何かアクセサリーでアクセントをつけたほうが素敵になると思い、ネックレスでもない、チェーンウォレットでもないと考えているときに、ウォーキングのときにしているAppleウォッチをアクセサリーにしようと思いつきました。エルメスが手がけているものがあることは知っていたので、一番鮮やかに感じた赤いベルトのものを改めて購入しました。手首回りがこの色なら口紅でがんばらなくてもいいかなとも思って決めました。

トッズのローファー

スニーカーも大好きなのですが、ローファーがこんなに履き心地がよく素敵だと初めて知り、ワンランク上のビジネスシーンで長く履けそうなものを選びました。長友さんのアドバイスで、新宿伊勢丹の靴売り場で見比べて、履き比べて、自分で決められたときはうれしかったです。とはいえスマフォで長友さんにたくさん助けていただいての買い物は、まるではじめてのお使いのようでした。この靴でしっかりビジネスシーンを歩いていこうと思います。

すこしハードル高いアイテムを手にするたびに、長友さんがよく言ってくれたのが、「ふさわしい」という言葉でした。自分を低く見積もるのは簡単で、ついいままでのファッション弱者状態に戻りそうになることもありますが、ふさわしくいられるように、これが自分だと信じます。

長友妙子からのメッセージ

苦手なところからの大チャレンジ、本当にお疲れ様でした。ウォーキングのついでにスタートされたファッションリサーチ、アズさんがあれほど動き回るとは夢にも思わなかったので、正直驚きましたし面白くも感じました。

以前、「ファッションが苦手なので、スティーブ・ジョブズのように、ユニフォームにしたい……」とおっしゃっていましたね。実はあの黒のタートルネックはシンプルに見えますが、ジョブズが自身のユニフォーム的なものとして、「ISSEY MIYAKE」にオーダーしたものです。こだわりの強いジョブズのために、細かい採寸や調整を経て完成したスペシャルオーダー品です。素材などにもこだわりがあり、決して違うものは許さなかったそうです。ジョブズに憧れて、単なる一着の服として真似る方もいらっしゃいますが、それをするならば、その人にとって着心地がよく、最も似合っている、「究極の一着」であって欲しいと思います。

「自分に似合う」とは、まず着ていて本当に快適で心地よく、仕事をはじめとして自分が何者であるかということをよく伝え、そしてなによりも自分を素敵に見せてくれるということなのだと思います。

適当に選んだ服でそれは実現できないことはお分かりいただけたと思います。私のパーソナルスタイリングのポリシーは、「無駄なものは買わない、買わせない」ということ。本当に似合うものは貴重。お直しやリメイクで長く着て大切にしてほしいと思います。

そして今後アズさんに必要とされる次のステップ「TPOに合わせたワンランク上の仕事服」（P179）のスタイリングについてもひとこと。身体に負担が少ないのに着映えするベルテッドジャケットのインナーにはしなやかな着心地のTシャツを。一枚仕立てウールのテーパードパンツのインナーにはキュロットペチコートを穿いていただきました。そして軽量パールのネックレス、ローヒールのパンプスを合わせ、不快なストレスを軽減させたアイテムでコーディネートしました。

講演会や、VIPが集まる立食パーティーなどスペシャルなシーンで通用するもので、社会的地位の高い方や大企業のトップにお会いしても気後れすることはありません。快適も自信もくれるコーディネートです。

アズさんはずっとご自分のことを「ファッション弱者」とおっしゃっていましたが、すでにそんなことはありません。次のステージに向かって、エグゼクティブとしてふさわしいファッションで益々ご活躍されることを願っております。

ファッションは本当に奥深いものであり芸術です。

芸術、すなわちアートは繊細な感覚のもとに存在していると思っています。

読者の皆様も、繊細な気質だからこそ備わるその感覚を大切にして下さい。マインドセットすることでご自身にとって必要なスタイルがきっと見えてくるはずです。そしてその繊細なセンスをファッションに活用してください。

ここまでお伝えしてきたことが、皆様のビジネスシーンやライフスタイルにお役立ていただければ、こんなに嬉しいことはありません。

ファッションは毎日を輝かせてくれる最高の味方なのですから。

スタイリスト　長友妙子

参考文献　ウォルター・アイザックソン『スティーブ・ジョブズ』（講談社）

［ 協力店リスト ］

オアシススタイルウェア	03-6365-0492
ゴールドウィン カスタマーサービスセンター	0120-307-560
三喜商事（bamford）	03-3470-8236
（ALLUDE）	03-3470-8233
サン・フレール	03-3265-0251
CC Salone ショールーム	03-6805-0372
日本橋高島屋 サロン ル シック	03-3211-4111
ベネクスカスタマーセンター	046-200-9288
マックスマーラ ジャパン	0120-030-535
MIKAKO NAKAMURA 南青山サロン	03-6427-2435

♧

本書に掲載の価格は、すべて消費税込みとなり、
予告なく価格改定が行われることがございます。
私物については同一商品がすでに販売終了の場合も多く、
各ブランドへのお問い合わせの際は、
そのことをご了承の上お願いいたします。

アズ直子（あず なおこ）

1971年東京出身。東京学芸大学卒。有限会社アズ代表取締役。幼少の頃から生きづらさを抱え、就職等もうまくいかず、独立起業を果たす。2009年に発達障害の診断を受け、その体験を綴った著作がベストセラーとなり、全国での講演やテレビ出演を行うようになる。生きづらさを抱える人でも社会で活躍できる方法を提唱。現在、渋谷区広尾を拠点に活動を続けている。

［公式サイト］
https://asnaoko.com/

長友妙子（ながともたえこ）

1983年よりフリーのスタイリストとして活動。『CLASSY.』『Precious』他、女性誌の表紙やファッションページを担当する。広告、テレビなど芸能人や著名人のスタイリングも数多く手がける。2010年からは、パーソナルスタイリングにも分野を広げ、経営者やエグゼクティブの顧客を中心にイメージコンサルティングを行う。髙島屋サロン ル シックとのコラボ企画商品も毎回大人気。上品で心地よさを追求したスタイリングを得意とする。

［公式サイト］
https://stylist-nagatomo.com/
［Instagram］
@nagatomotaeko

撮影　田頭拓人〈人物〉 広瀬美香〈静物〉
ヘア&メーク　尾花ケイコ〈アズ直子さん〉
ブックデザイン　内藤美歌子（VERSO）
DTP　山本秀一　山本深雪（g-clef）

繊細《せんさい》な人《ひと》の仕事《しごと》がうまくいくファッションのルール

2021年5月30日　初版第1刷発行

著　者　アズ直子《なおこ》
　　　　長友妙子《ながともたえこ》

発行者　田邉浩司
発行所　株式会社 光文社
〒112-8011 東京都文京区音羽1-16-6
電話 編集部 03-5395-8172
書籍販売部 03-5395-8116
業務部 03-5395-8125
メール　non@kobunsha.com
落丁本・乱丁本は業務部へご連絡くだされば、お取り替えいたします。

組　版　萩原印刷
印刷所　萩原印刷
製　本　ナショナル製本

ISBN978-4-334-95247-1